光明社科文库
GUANGMING DAILY PRESS:
A SOCIAL SCIENCE SERIES

·教育与语言书系·

阅读的学问

——阅读及阅读推广的理论与方法

谢圣国　刘　舸｜著

光明日报出版社

图书在版编目（CIP）数据

阅读的学问：阅读及阅读推广的理论与方法 / 谢圣
国，刘舸著 . -- 北京：光明日报出版社，2023.1
ISBN 978 - 7 - 5194 - 7076 - 0

Ⅰ. ①阅… Ⅱ. ①谢…②刘… Ⅲ. ①读书方法
Ⅳ. ①G792

中国国家版本馆 CIP 数据核字（2023）第 026955 号

阅读的学问：阅读及阅读推广的理论与方法
YUEDU DE XUEWEN：YUEDU JI YUEDU TUIGUANG DE LILUN YU FANGFA

著　　者：谢圣国　刘　舸

责任编辑：史　宁　　　　　　　　　责任校对：贾文梅
封面设计：中联华文　　　　　　　　责任印制：曹　净

出版发行：光明日报出版社
地　　址：北京市西城区永安路 106 号，100050
电　　话：010-63169890（咨询），010-63131930（邮购）
传　　真：010 - 63131930
网　　址：http：// book. gmw. cn
E - mail：gmrbcbs@ gmw. cn
法律顾问：北京市兰台律师事务所龚柳方律师

印　　刷：三河市华东印刷有限公司
装　　订：三河市华东印刷有限公司
本书如有破损、缺页、装订错误，请与本社联系调换，电话：010 - 63131930

开　　本：170mm×240mm
字　　数：156 千字　　　　　　　　印　　张：14
版　　次：2023 年 1 月第 1 版　　　　印　　次：2023 年 1 月第 1 次印刷
书　　号：ISBN 978 - 7 - 5194 - 7076 - 0

定　　价：89.00 元

前　言

从湖南大学中国全民阅读研究中心成立的第一天起，我们就有种强烈的冲动抑或使命感，那就是：撰写一本适合大众阅读、大众喜欢且对阅读和阅读推广真正有用的书。而且随着相关研究和实践工作的不断深入，这种冲动和使命感更加强烈。

为什么会有这种冲动和使命感呢？这主要缘于我们在阅读研究和阅读推广中发现的系列问题：大众的阅读认知欠缺，阅读总量不够且不平衡；很多人阅读兴趣不浓但又不知道怎样养成阅读习惯；一些人想阅读但又不知道读什么、怎么读；社会上阅读推广活动不少，但大家对具体怎么推广、关键点在哪，又模糊不清……帮助大家解决这些问题，确实非常必要，而且紧迫。

几年来，围绕阅读和阅读推广我们撰写发表过很多文章，也开展过很多辅导培训，但唯有对即将呈现给大家的这本书保持了足够的谨慎。这份谨慎主要来自这三个方面的担心：一是担心过于学术化，著者自我感觉良好，但读者看不懂也不愿看；二是担心过于实操化，表面上看很有用，但该厘的"道"没厘清，该讲的理没讲到；三是担心书中内容过于专业过于狭隘，不适合大众阅读。

也正是带着这份谨慎，我们不断探索和打磨，逐渐形成了撰写和编辑此书的基本思路和倾向：一是不苛求框架体系的学术性和完整性，而是针对大众在阅读与阅读推广中应知、想知的知识点、需求点，聚焦若干话题，以漫谈的形式来表达和呈现；二是不回避基本的概念阐释和观点表达，但始终与具体的实践相结合，且尽量以通俗易懂、大众易于接受的语言来表述；三是不局限于个体的阅读体验与提升，力求将个体阅读与全民阅读、阅读推广等系统考量、有机结合；四是不苛求每位读者对书中每篇文章都感兴趣，但希望有更多的人愿意阅读这本书且每位读者总会喜欢其中一篇或几篇文章并从中受益。

基于上述缘由和思路，我们希望通过本书，在如下方面给您带来启发、收获与帮助：

一、对阅读、全民阅读有更多、更新、更深的理解和认识；

二、了解一些有利于激发阅读兴趣、养成阅读习惯的方式方法；

三、掌握一些阅读与阅读推广的基本技能；

四、获得一些新的、好的推荐书目；

五、阅读生活体验更加美好，阅读推广实践更加有效。

如能达到上述这些目的，即便只是其中一二，我们也就知足了！

本书是湖南大学中国全民阅读研究中心阅读研究与推广系列丛书之一，也是湖南省阅读推广人培训体系建设项目的重要成果。

目 录
CONTENTS

Part 1　认识阅读

Part 2   爱上阅读

Part 3   学会阅读

Part 4　类型阅读

Part 5　群体阅读

Part 6　全民阅读

Part 1

认识阅读

在本部分中，你将重点了解到：

- 什么是阅读？我们每个人为什么要阅读？

- 对于阅读，我们应该具备哪些基本的认知与态度？

什么是阅读

理解和把握阅读的内涵，对于我们树立正确的阅读态度、把握科学的阅读规律、开展有效阅读活动都具有重要的意义。那么，究竟什么是阅读呢？

一般来讲，阅读就是我们所说的读书，而且通常来讲是指读纸质的书，是指通过记载于书页的文字、图片、符号等视觉材料来了解知识、获得审美体验的过程。但随着科技的发展和生活方式的变化，视觉材料已经不再是阅读的唯一媒介了，声音媒介、触觉媒介，甚至是基于人工智能的智能感觉媒介等，都已经或者可能成为重要的阅读媒介。从当前来看，伴随着信息化的快速普及，电子阅读已经作为一种极其重要的阅读方式正被民众广泛采用，这是进入21世纪以来，人类阅读形态所发生的最大变化。

其实，从广义的角度来看，除了读书，阅读的含义可以更加广泛。如阅读比赛，可以判断、把握赛场上的瞬息变化和趋势特点；阅读世界，可以观察、了解世间的万事万物；阅读人生，可以体味和感悟人生一辈子的起起落落和酸甜苦辣，等等。但凡观察以及由此形成的体验性活动，我们皆可称之为阅读。

当然，我们所谈到的阅读主要还是指一般意义的读书。

　　关于阅读，有个核心的内涵是我们必须要牢牢把握的，那就是阅读绝不是一个简单的信息获取过程，而是一个集信息获取与理解感悟于一体的内在精神活动和审美体验。如果只是简单地获取信息，那不能完全称之为阅读。我们经常讲阅读的本质是一种对话，与智者的对话，与历史的对话，与自然的对话，与自己内心的对话……这种对话特性，正是阅读作为一种精神活动和审美体验的最好体现。

阅读事关人生幸福

古今中外，有关阅读好处的论述实在是太多太多了。

西汉学者刘向在《说苑·建本》中说"书犹药也，善读，可以医愚"；北宋诗人苏轼在《和董传留别》中说"腹有诗书气自华""读书万卷始通神"；英国哲学家培根在《谈读书》中说"读书给人以快乐、给人以光彩、给人以才干"；习近平总书记 2014 年 2 月在接受俄罗斯电视台专访时说"读书可以让人保持思想活力，让人得到智慧启发，让人滋养浩然之气"。但凡种种，都说明了读书的极端重要性。

在笔者看来，读书的好处，就个人而言，简单地说可以总结为两个方面。一是读书关乎一个人的生存问题，即读书可以让我们了解生活和工作所需要的基本知识和基本技能。二是读书关乎一个人的人格养成，即读书可以促成我们世界观、价值观和人生观的形成，可以帮助我们明辨是非真伪、理解真善美假恶丑，可以丰富我们的内心世界、强大我们的精神力量，可以培养和活跃我们的思维能力。在笔者看来，读书之于我们的好处，这两个方面都非常重要，前者帮助我们解决物质问题、"温饱"问题，后者则帮助我们解决精神问题、"小康"问题、幸福问题。从某种程度上看，后者的作用甚至更为突出。前面我们说过，读书的本质是对话，与历史对话、与自然对话、与智者对话、与自己的内心对话。正是有了这些对话，我们才会对历史充满感慨，对自然充满敬畏，才会在成败得失、波峰波谷中保持淡然，才会在忙碌和繁杂中知道自己真正需要什么。有了这些对话，我们的内心就会慢慢变得豁达起来、强大起来，就能从中感受到真善美，激发出正能量！世事无常，谁也不知道未来会发生什么，当那些变故出现时，能够给予我们最大支撑的便是内心世界的丰富、精神力量的强大！所以笔者时常讲：再难，我们也能从书本中找到答案；再苦，我们也能从书本中找到乐趣；再迷茫，我们也能从书本中找到前进的方向；再喧嚣，我们也能从书本中找到属于我们的那一份宁静。

这里，笔者愿意用一位好友的亲身经历来呼应一下上面的观点。很多年前，这位好友在工作上曾经有过一次始料未及的痛苦经历，当时情绪很低落，内心也很难受。有一天他从岳麓山跑步下来，在一个苗圃里不经意发现了《人性的弱点》这本书，随手翻看其中的内容，居然一下子就被吸引了，而且书中所描述的、所讲解的，与他当时的处境和心情非常吻合，让他顿时豁然开朗，心中的很多结似乎一下子都解开了，当时真有种碰到神仙的感觉。也正是这段特殊的经历，让他从此爱上了读书。

阅读是促进心理健康的一剂"良方"

人的健康心理的建设一般分为两个层面：一是抑郁、狂躁等特征比较明显的心理疾病的预防和治疗，二是内心各种积极品质和积极力量的产生和增加。

比如英国一家阅读机构与英国国家医疗服务体系（National Health Service）合作，针对抑郁、暴躁、焦虑、失眠等不同心理问题开出不同的"读本处方"。这些处方图书能够给心理疾病患者提供科学的建议和自救技巧，都经过专家的筛选和实践的检验。我们很多大学也会为大学生提供一些心理疾病预防的书目，如悲观失望、缺乏生活目标者，可以选择励志类书籍；脾气暴躁、人际关系紧张者，可以选择让人宁心静气的书籍。南宋诗人陆游讲"读书有味身忘老，病须书卷作良医"；清代学者李渔云"予生无他癖，唯好读书，忧藉以消，怒藉以释，牢骚不平之气藉以除"，他们说的都是读书"防病治病"的效果。

通过阅读，特别是通过阅读那些优秀的文学、历史、哲学和传记作品，人们能从中受到启迪、增长智慧、涵养情操，能从中丰富精神世界，感受真善美，激发正能量。这是我们健康心理需要努力达到的境界。我们常说读书人有种读书人气质，就是因为读书能去掉我们心中的傲气和俗气，增加我们的正气和文明气。英国利物浦大学的一项研究表明，经常读书与情绪稳定、社会交往和心理健康等方面的关系密切，在调查中 41% 的受访者认为读书能带给自己最大的安慰，38% 的人会将读书作为最佳的减压方式，还有 27% 的人因为读书而在生活中做出积极的改变。

可以说，阅读是保持个人心理健康的重要途径，是促进国民心理健康的一剂"良方"。

我们应该多读哪些方面的书

我们经常讲，要多读书、读好书。那么，究竟什么样的书才叫好书，我们又应该多读哪些方面的书呢？对此，个人阅读也好，阅读推广也好，心里恐怕真还得有个谱。

在回答这个问题之前，需要说明的是，我们这里所探讨的是指主动、自由去选择读的书，那些因专业所需和因应试所迫不得不读的书不在此列，因为读那些书往往带有较多被动的成分。

关于我们到底要读、多读哪些方面的书，各人有各人的说法，有人说既要读"有用"的书也要读"无用"的书，有人说既要读文史哲方面的书也要读经管法方面的书，有人说既要读"下里巴人"式的书也要读"阳春白雪"方面的书……这都没错。但如果让笔者来回答，我想从"势""道""术"三个方面来和大家做个交流，即多读反映"势"和"道"方面的书，慎读有关"术"方面的书。

所谓反映"势"的书，就是指那些能够反映和呈现大势、形势和趋势的书，这方面的书，自然包括一些有关历史的书，既包括反映中国历史方面的书，也包括反映世界历史方面的书。读这方面的书，可以让人懂古今、知大势、明趋势，可以拓展你的视野、开阔人的胸怀。

　　所谓反映"道"的书，就是指那些能够反映基本道理、客观规律的书，如美与丑、善与恶、爱与恨、幸福与痛苦、公平与正义、荣誉与责任、公民与国家、外在表象与内在规律等，这方面的书最典型的就是一些哲学方面的书，也包括很多文学艺术、科学技术方面的书。读这方面的书，可以让你懂得万事万物的规律、成人与成事的道理，可以丰富你的内心，提升你对美的感知，管控好自己的幸福。

　　所谓反映"术"的书，就是指那些反映技艺、技能和方法的书。不是说不能读这方面的书，工作、生活中必须掌握的技能方法，该读的还得读，该多读的还得多读，该掌握的还得掌握；而是说要有辨别力，多读好"术"之书，不要被那些所谓的成功学、厚黑学迷惑了双眼和心智。同时要把握好术中之道，老子说，"有道无术，术尚可求也，有术无道，止于术"；庄子说，"以道驭术，术必成，离道之术，术必衰"；《孙子兵法》说，"道为术之灵，术为道之体；以道统术，以术得道"。说的都是不能迷信于"术"而不顾其"道"的道理。

　　当然，我们绝不能也无法把所有应该读、多读的书简单地归并到上述三个方面中去。有些书可能既反映了一定的形势、趋势，又蕴含了丰富的规律道理，同时也还呈现了很多技能方法，有些书可能看起来是技艺技能之书，但其中可能蕴含着丰富的道。以数学为例，其既是"道"，又是解道之"术"，所以被称为科学之母。还有很多经典的法律书籍、文学作品，优秀的人物传记、游记等，都是如此，我们肯定无法简单地将其归为反映势、道、术等方面中的哪一类，但这些书都是值得我们去读和去多读的好书。笔者的观点是，只有有了对"势""道""术"这些阅读取向的正确理解，才能对哪些书是好书，应该多读什么样的书，以及在阅读中如何进行批判性地鉴赏做到科学的把握。

形成科学的阅读认知

　　阅读认知，是指一个人对于阅读的基本认识与态度。阅读认知是影响甚至决定一个人阅读欲望、阅读实践和阅读结果的重要前提。一个人如果缺乏基本的、科学的阅读认知，是很难有较好的阅读兴趣和阅读体验的。

　　一般来讲，阅读认知包括三个维度的内容。一是对于阅读内涵、阅读意义等的基本认识；二是对于阅读的基本态度；三是对于阅读方法、阅读技能的掌握。其中，关于阅读方法和基本技能的掌握，既属于阅读认知的范畴，也属于具体阅读能力的范畴。

　　一个人阅读认知的形成，主要来源于两个方面：一是间接的认识、感知与影响，二是直接的阅读体验，其中，后者是形成一个人阅读认知最重要、最根本的途径。基于这两个方面的成因，一个人阅读认知的建立和强化，也主要在于间接和直接两个方面，包括了解他人的阅读故事、分享他人的阅读感受、参与集体阅读体验和有针对性地开展自我阅读强化等。

　　那么，我们应该具备怎样的阅读认知呢？应该说，从前面已经谈到过的什么是阅读、阅读的意义，到后面陆续将要谈到的正确阅读态度的树立、合理阅读动机的构建以及阅读方法的掌握、阅读能力的提升，本书前后众多话题都是围绕这个问题展开或者与此问题有关的，让我们在后面的交流阅读中慢慢体会。

树立正确的阅读态度

态度是个体对人、物、事、情感和观念等所持有的稳定的心理倾向。阅读态度就是指个体对阅读这件事物所持有的基本的心理倾向，这种心理倾向蕴含着个体对于阅读的主观评价以及由此产生的阅读行为的倾向性。

有什么样的阅读态度就会有什么样的阅读行为，也会在很大程度上决定阅读行为的结果。

那么，作为个体，我们应该具有或者建立什么样的阅读态度呢？关于这一点，理论界还没有完整而系统的总结和论述。这里想和大家从以下六个方面来谈谈这个问题。

态度之一：把阅读既当成我们学习提高的重要途径，也当成我们生活的一部分。

一方面，我们可以也需要通过阅读来获得知识、拓宽视野、涵养情操，来进行自我学习和自我教育，从这点上看，阅读就是一种手段、一种途径，对此我们无须掩饰，也更不能否认。另一方面，我们又不能把阅读局限和停留于一种学习提高的手段，甚至为其所累、为其所困，而应当成我们生活中不可缺少的、自然而然的一部分。就如同享受阳光雨露一样，我们要在阅读中感受生活、体味生活和丰富生活。

态度之二：阅读既要有目的性，又不能过于功利。

这一点，在内涵上与上面提到的态度之一既有相通之处，但又不完全相同。我们既要承认阅读有时就是为了某种具体的甚至眼前的目的而为之，如为了应对考试、为了解决某个问题、为了收集研究中所需要的某些资料等，但又不能太功利和实际，平时根本不读书，只是有所求了才来找书读。

态度之三：既要尊重兴趣和特点，又要具有开放性和包容性。

就是说无论是在阅读的形式上、方式方法上，还是在阅读的内容上、载体上，我们既要接受自己和尊重他人的个人兴趣和特点，但又要有一颗包容开放之心，不能封闭、狭隘甚至偏执。我们可以倾向于纸质阅读，但不要粗暴地摒弃电子阅读；我们可以喜欢历史哲学方面的书，但不要排斥文学方面的书；我们可以爱好经典阅读，但不要一味否定时尚阅读；我们可以选择系统性阅读，但也不要简单地反对碎片化阅读。

态度之四：既要信书，又不能迷信书。

就是说我们既要注重从书本中学习，但又不能迷信书本和权威，不能做"书呆子"，更不能做书本的"奴隶"，而要边阅读边思考，要善于拓展和深化，要敢于质疑。正所谓"尽信书不如无书"。

态度之五：要理论结合实际。

俗话说"纸上得来终觉浅，绝知此事要躬行"，就是说一定要把书中了解到的和体会到的东西与实际结合起来，既用理论去指导实践，又通过实践来检验理论，并在实践中发展理论。

态度之六：摒弃道德谴责。

阅读意义再大、再有必要，但对于个体而言，在不违法违规的前提下，阅不阅读、阅读什么、怎么阅读，终究是个人自己的事情，社会和他人除了必要的倡导、引导和帮助之外，不应作道德上的评价、指责甚至绑架，个体无须也不应当产生基于阅读的道德优越感。

构建合理的阅读动机

动机是指人们从事或期望从事某种活动的内在动因和基本目的。人们干任何事都是有其动机的，阅读也是如此。

有的人可能会说，我阅读纯粹就是为了消遣，哪有什么目的啊。其实，为了消遣不也是一种动因和目的吗？所以说，所有的阅读和阅读期望都是有其动机的。分析和把握阅读动机的形成规律和作用机制，对于培养和优化我们的阅读动机、指导我们的阅读实践有着非常积极的意义。就个体而言，阅读动机不同，其所表现的阅读态度、所采取的阅读方式、所选择的阅读内容就会有所不同。

为便于理解，我们可以把阅读动机简单地分成五种类型。

第一类是消遣型。其目的在很大程度上就是打发时光。这类阅读既没有明确的内容指向，喜欢什么就读什么，有什么就读什么；也没有明确的目标追求，读起来越轻松越舒服越好。这类阅读没有也无须具体的阅读计划与安排，随机性和随意性比较强。

第二类是知识获取型。其目的一般是获得某些知识、掌握某种技能。比较而言，这类阅读的计划性比较强，在内容的选择上也具有非常强烈的指向性和针对性，往往是需要什么才阅读什么。

第三类是精神满足型。其目的往往是精神的愉悦和内心世界的丰富。这类阅读的主体一般具有较强的精神追求和思想满足欲望，在阅读内容的选择上具有较高的自我要求和标准。

第四类是感官刺激型。其目的往往是获得某种感官的刺激，这种感官的刺激可能是积极的、中性的，也可能是消极甚至庸俗的，如某些暴力、黄色等。

第五类是猎奇型。其目的一般是满足自身的好奇心和猎奇心。

如果仔细剖析上述五种类型的阅读动机，我们会发现，其又可以区分为两大类：一是自发的、主动的动机，第一类消遣型、第三类精神满足型、第四类感官刺激型和第五类猎奇型均属于此。二是被动的动机，如第二类知识获取型，既可能是自己内心主动的追求，也可能是因为考试、外部认可需要甚至外部强行要求的被动行为。

具体到某个人的身上，阅读动机的存在和表现往往是极为复杂的。有的人阅读动机是单一的，有的是多样的；有的以消遣为主，有的以知识获取为主，有的则可能以精神满足为主。即使在同一个人身上，不同的时间段可能主体的阅读动机也不一样，这段时间可能以消遣为主，另外一段时间可能又会以知识获取为主。

阅读动机的形成原因十分复杂。其既与个体的学习和成长经历有关，又与个体的生活和工作特点、现实需求有关；既与个体的阅读认知有关，又与个体的阅读实践与阅读体验有关。阅读动机的形成既具有自然性，又具有引导性，要构建科学合理的阅读动机，除了必要的阅读实践和积累之外，自我有意识地培育和外在的引导也非常重要。

说到这里，大家可能就会问了，就个人而言，什么样的阅读动机才是科学合理的呢？这个还真没有统一固定的标准，因为不同的人的实际情况不一样、现实需求也不一样。但如果硬要给出一个指导性意见的话，笔者倾向于从以下三个方面的原则去把握：一是阅读动机最好不要过于单一（特定时间段除外）；二是在阅读动机的构建中，绝不可忽视或轻视精神满足性，其构成程度应不低于知识获取性；三是要最大限度地控制和约束寻求感官刺激的阅读动机。把握了这三个方面的基本原则，在阅读动机的培养、引导实践中，我们就可以做到有章可循、有的放矢了。

用阅读训练思维

思维能力是指人们在发现问题、解决问题中所体现出的洞悉力、理解力、分析力、判断力、创造力等各方面的能力以及实践基础上逐步形成的思维习惯、思维模式和思维活跃度。思维能力是人的核心能力所在，参与、支配着人的一切智力活动。我们说一个人聪不聪明，很重要的一点就是看其思维能力怎样。

思维能力是需要、也可以有意识地去培养和训练的。但对于我们大多数人而言，往往在这方面忽视了，思维能力都是任其"野蛮生长"。

实际上，阅读就是一种很不错的思维训练方式。

阅读的过程既是个输入的过程，也是个输出的过程；既有独自寂静体验的一面，也有思想自由驰骋的过程，在这种状态下，是非常适合进行有意识的思维训练和创造性能力开发的。

基于阅读有意识地进行思维训练，可以从以下几个方面去尝试。

强化批判性阅读。在阅读中，除了正确理解书本所呈现和反映的内容之外，可有意识地多问几个为什么，提出自己的疑问和不同观点，上文我们所提到的"不尽信书"就是这个意思。当然，开展批判性阅读也不能为批判而批判、为质疑而质疑，不能舍本逐末，不能简单地追新逐奇，而是求是创新。

进行裂变式的阅读和思考。就是在阅读中，围绕某个主题、某个观点、某个概念，进行"一生二、二生四、四生八……"的裂变式、延伸式的阅读和思考，通过由此及彼、由少到多、由浅入深的阅读和思考，训练和强化我们的思考能力和思维活跃度。

尝试"两写"。这里所说的"两写"，就是改写和续写，就是一边阅读，一边结合自身的所思所想对原有的文本进行改写或延伸性、拓展性写作。但这里所说的改写和续写，不一定是事实上的写作，可能就是脑海中一种虚拟化的写作，但这种虚拟化的写作是以极其活跃的思考为基础的。

阅读能力及其构成

能力是指从事一项活动或完成一项目标任务所体现出来的综合素质，既具有较强的实践性，又具有明显的心理性，论述起来比较复杂，阅读能力自然也不例外。

首先必须说明的是，阅读能力肯定不能等同于阅读技巧，阅读技巧只是阅读能力或影响阅读能力的一个方面而已。

一般来说，阅读能力主要包括以下四个方面的能力：一是认读能力，包括对语言、文字、图片、符号等信息的识别、感知能力，这是能够从事阅读活动的基础能力与前提；二是理解能力，主要是指对文本内容、中心思想和作者观点的理解和把握能力；三是鉴赏能力，主要是对阅读内容（也可能包含形式本身）的审美评价，包括思想融通、情感认同、批判等；四是创造能力，主要是指超越阅读内容本身的思考创新能力，包括活学活用、学以致用、由此及彼的能力。这四种能力综合构成了一个人的阅读能力。

科学理解和把握这四个方面的能力，有两点需要特别注意：一是这四个方面的能力既具有同一个截面的综合性，又在内在的逻辑上具有一定的递进性，从认读到理解，从鉴赏到创造，实际上是层层递进的。二是在不同的年龄段上，这四种能力的可能性和重要性是不一样的。此外，对于阅读能力的构成要素，除了上述四个方面之外，业界也有将阅读兴趣和阅读习惯纳入其中的，从广义能力来看，这也是有其道理的，后面我们还会谈到。

阅读量及其统计

阅读量，是指一个人在单位时间内（一般以年为单位）阅读的数量。从广义来看，阅读量既包括纸质阅读的数量，也包括电子阅读的数量。

在对一个人的阅读量进行统计时，我们一般将全国同年龄段或者特定区域内的平均阅读量作为基准值进行比对，然后分等级进行评价。

在对一个人的阅读量进行具体统计时，有两点是必须要予以明确和厘清的。一是阅读统计的对象口径。由于阅读的对象既可能是整本书，也可能是非整本书的某些文章、某些段落甚至更为碎片的内容，这就给我们在进行阅读量统计时带来了巨大的困难。基于此，我们这里主要讨论的是整本书阅读的统计，即在单位时间内读完了多少本书。二是对于怎样才算读了一本书的界定。对此，笔者提出了一个"实质性阅读"的概念。在笔者看来，所谓读了一本书，最核心的一条标准就是对这本书进行了实质性阅读，而不是表面的、简单的、少部分的阅读。具体来说，也是两个方面：一是从阅读内容的多少来看，至少要阅读了一本书的主体内容的三分之二以上；二是从了解内容的程度上来看，至少对其核心要义、核心观点要基本了解，只有这两者都具备了，才可以算作读了一本书。如果只是简单地翻阅了一部分，或者只是通过阅读书本的目录和前言部分了解了其核心要义和核心观点，但没有进行整体性阅读，那不叫读了一本书。

阅读内容构成及其评价

　　阅读内容的构成与阅读的数量犹如"鸟之双翼",构成了阅读实践的基本呈现,也在很大程度上决定了阅读体验的最终效果。但遗憾的是,无论是在个人的自我阅读评估中也好,还是在专业机构的社会阅读评估中也好,往往重视了阅读量的统计与评价,而轻视和忽视了阅读内容构成的衡量与评价,这是需要引起高度重视的问题。

　　关于大众阅读内容的构成,是指一个人阅读内容的构成状况,简单地说就是指读了哪些方面的书,阅读的内容丰不丰富、结构合不合理。

　　那么,如何来对自己或者他人的阅读内容构成进行科学的评价和衡量呢? 关于这一点,目前国内外都还没有非常成熟和统一的方法与模型。湖南大学中国全民阅读研究中心正在结合大数据的应用开展这方面的研究,期待有好的成果呈现给大家。这里,我们也将其基本思路给大家介绍一下。

　　首先,设计包含有相关评价规则的阅读状况(包括阅读数量和阅读内容构成)评价模型。

　　其次,基于大数据应用或者抽样调查,统计出不同时间段、不同区域、不同年龄段、不同教育背景甚至不同职业人群阅读文学、历史、哲学、经济、科技、法律、传记等各类书籍的平均值，并以这个平均值确定基准值输入评价模型。

最后，评价对象将自己所属的评价类群和特征性阅读数据输入模型，模型将会自动生成被评价对象的阅读内容构成状况，包括综合评价指数、等级和单项评价结果。依据评价结果，我们就可以对自己或者他人的阅读状况特别是阅读内容构成做到心中有数并采取相应的强化、优化对策了。

上述评价方式属于第三方工具评价。其实，即便是没有这个工具，我们也可以按照这个基本思路，通过简单的统计与对比，对包括阅读内容构成在内的自我阅读状况有个基本的判断与认识。

碎片化阅读的是与非

碎片化阅读是大家谈论得比较多的一个话题。对于碎片化阅读，有的人极力反对，认为其弊大于利甚至有害无益；有的人则大加肯定，认为随着社会节奏的加快和阅读的网络化、电子化，碎片化阅读是大势所趋而且多多益善。那么，我们应该怎样看待和对待碎片化阅读呢？

要回答这个问题，我们首先还得弄明白什么是碎片化阅读。在大多数的认识里，碎片化阅读就是指依托网络在碎片化的时间里阅读碎片化的内容。其实，在笔者看来，这种认识存在两个明显的误区和缺陷：首先，碎片化的阅读不一定是在碎片化的时间里开展的，即便是一个相对完整的时间里开展的阅读，只要阅读的内容是碎片的，我们也应将其视为碎片化阅读；其次，尽管互联网和电子化不断助推和支撑了碎片化阅读，但碎片化阅读并不一定都是网络阅读和电子阅读，即便是纸质阅读，只要阅读的内容是碎片的，我们也同样应将其视为碎片化阅读。还有一点特别想说明的是，凡事都是相对的，如果把一句话、一段话和一篇文章视为碎片化的内容的话，其实从更宏大更广阔的视角来看，一本书甚至一套丛书也可以视为碎片化的内容。这就看我们怎么认识和把握了。

其实，作为一种客观存在，碎片化阅读有利也有弊，简单地加以否定或肯定都是不客观的，都不实事求是。从利处来看，碎片化阅读，可以帮助我们及时、快速、大量地了解各类信息知识，在某种程度上看，这与当代社会信息更新速度不断加快、学习工作形态不断网络化的发展趋势是契合与适应的。此外，碎片化的阅读方式确实可以较好地利用我们的碎片化时间。从弊处来看，碎片化阅读最大的不足就是容易造成我们了解和把握信息知识的表面化、片面化，容易让我们只见树木、不见森林或者只见其表、不见其魂。此外，如果把握不好，碎片化阅读也存在让我们成为信息的奴隶而逐渐丧失深度思考的意识和能力。

既然如此，对于碎片化阅读，我们如何做到因势利导、防弊用利就显得很重要了。在此，笔者给大家提出四个方面的建议，供大家参考。

一是以主题阅读为牵引，使碎片化阅读的内容尽可能更广泛、更全面并服务于自己。具体来讲，就是要随时或者定期给自己确定一些阅读主题，再围绕这个主题开展阅读，而且要使阅读的内容尽可能地更多更全面，这样，即便你的阅读时间是碎片的，你的阅读内容是碎片的，但也能防止被动成为信息的奴隶，防止自己在信息知识和思想观点的把握上只见树木、不见森林。

二是以碎片阅读带动系统阅读和深度阅读。具体来讲，就是在碎片化的阅读过程中，要敏锐而及时地抓住一些重要概念、重要观点，然后围绕这些概念和观点开展深层次的、更全面的阅读，包括系统的纸质阅读，这样就可以有效避免碎片化阅读停留于表面，只见其表、不明其魂的问题，达到通过碎片化阅读带动系统阅读和深度阅读的效果。

三是保持自己的思考。这点至关重要，不仅体现于、贯穿于上面提到的两点，也是解决碎片化阅读弊端的一把钥匙。其核心要点就是，在碎片化阅读时，我们不能让自己成为简单的信息接收器，而是要保持自己系统思考、理性思考的习惯自觉和能力自觉，要注重通过对碎片化内容的归纳总结、比较思考，形成和巩固自己科学化、系统化的思想体系。

四是在碎片化阅读和系统化的纸质阅读中做到相对平衡，不能形成碎片化阅读的极端惯性和过度依赖。这点好理解，无须赘述。

数字阅读的未来

数字阅读是伴随着互联网和信息化的快速发展而兴起的一种新型阅读形态。数字阅读一般包括阅读内容的数字化和传播介质、阅读载体的数字化两个方面。需要注意的是，数字阅读为碎片化阅读提供了可能和方便，但数字阅读绝不能与碎片化阅读画等号，关于这一点，我们在前面关于碎片化阅读的探讨中已经提到过。

作为一种与纸质阅读等传统阅读形态完全不一样的阅读形态，由于具有内容丰富、更新快速、使用便捷、携带方便、成本低廉等鲜明特点，数字阅读受到了包括大众阅读和专业阅读在内的几乎所有阅读者的普遍欢迎，并且呈现出了蓬勃发展的态势。国内第三方数据研究机构比达咨询发布的《2019 年中国数字阅读市场研究报告》显示，2019 年我国数字阅读用户规模达到 7. 4 亿人，人均阅读电子书 3. 32 本，数字阅读的增长大幅高于纸质阅读。不少业内人士甚至断言，我国已经进入数字阅读时代。

那么问题来了，数字阅读会取代纸质阅读吗？数字阅读又将有哪些新的变化和发展呢？

笔者认为，数字阅读会不会取代纸质阅读，这可能是个伪命题。这也突然让笔者想起了 21 世纪初无线通信兴起时，大家经常问到的

"无线通信会取代有线通信吗"那个问题。20年过去了，回头再看，一方面，无线通信确实在很多方面特别是在个人通信方面替代了有线通信，但另一方面，在某些领域或某些方面有线通信却仍然发挥着不可也不能替代的作用（尽管有线通信本身也在变化发展），所以到现在我们也无法断定无线通信会不会取代有线通信。我想，关于数字阅读是否会取代纸质阅读的问题也是如此，你可以说会，也可以说不会。

但无论数字阅读会不会取代纸质阅读，数字阅读作为一种趋势却是可以肯定的。对于我们大多数人来讲，数字阅读都将会成为我们生活的一部分，即使数字阅读本身也有其局限和不足。鉴于此，了解、探讨数字阅读未来可能出现的变化与趋势，就显得非常有意义了。笔者认为，数字阅读未来至少会在以下四个方面呈现出新的变化和发展趋势。

一是数字阅读的载体将更加多元。随着信息技术、功能材料、显示技术的发展，未来数字阅读的载体将从现在的电脑、手机、阅读器等向餐桌桌面、墙壁壁面甚至空气屏等一切可能显示的有形屏和无形屏拓展，而且这些不同屏显可以实现多场景的多屏互联共享。也就是说，你离开正在阅读的电脑或手机去卫生间，马上就可以在卫生间的洗漱镜面上继续阅读刚才在电脑或手机上正在阅读的内容。

二是数字阅读的内容将更加丰富。未来数字阅读的内容提供，除了绝对数量更加丰富外，还将全面实现阅读内容的分类、分层查阅提供。你想要阅读什么领域、什么类别的书和内容，随时可以查阅，不仅方便，而且十分广泛。此外，你在进行数字阅读时，如果你对阅读中的某个概念、某个观点和某个事物有特别兴趣的话，可以随时点击进行分层阅读，既保证阅读内容的立体化，又引导和支撑深度阅读。

三是数字阅读的支撑将更加完善。现在我们在数字阅读时所遇到的不便和困难，未来都有可能得到解决。以做阅读笔记为例，现在我们在进行数字阅读时，如需要进行一些标记、点评和摘录，很不方便，这在较大程度上也影响了我们的阅读效果。未来的数字阅读载体和平台，一定会为我们提供这种基于阅读载体的实时阅读笔记功能，需要标记、点评和摘录时，不仅可以随时实现，而且能够提供有效存储、多平台共享和方便查阅。

四是数字阅读的形态将更加智能。除了通过现在的文字、图片、符号等进行呈现、传播和接受外，在未来的数字阅读形态中，有声阅读将更加普及，情景虚拟呈现也将广泛应用。此外，脑机、人机的智能传送和感知也将成为可能，这是不是有些玄乎呢，但请相信，一切皆有可能。

伴随着广泛的普及和在上述方面的发展变化，数字阅读也将会促进纸质阅读等传统阅读形态的变化和转型升级，同时实现双方的深度融合。

只有对这些变化趋势有了基本的预判和把握，我们才能更好地适应、拥抱和推动数字阅读，让数字阅读为我们提供更优质的精神食粮和文化服务。

Part 2

爱上阅读

在本部分中，你将重点了解到：

- 人的阅读兴趣该如何激发？人的阅读习惯该如何养成？

- 我们应该多读哪些方面的书？什么样的阅读内容结构才是合理的？我们该如何选择自己想读的书？

阅读兴趣如何激发与培养

在现实生活中，很多人可能都会有这样的苦恼：我知道阅读很重要，我也想多读点书，但就是提不起阅读的兴趣。那么，人的阅读兴趣到底该如何有效激发和培养呢？无论是对十每个想养成阅读习惯的人来说，还是对于整个全民阅读的推进来说，这点都非常重要。

关于这个问题，国内外不少专业人士都从不同的角度进行过一些论述，但在笔者看来，这些论述都比较零散，而且大多停留在思考认识的层面，缺少对于激发和培养阅读兴趣的具体方法。而这一点，恰恰又是我们非常需要的。

在谈论关于阅读兴趣激发培养的具体方法之前，笔者还是想简单地说说什么是阅读兴趣。简单地说，阅读兴趣就是指一个人除了因为实际技能和应试的需要被动地读一些书外，还有比较强烈的意愿去主动阅读其他书籍，并能从具体的阅读实践中形成个体审美体验。

结合自己的实践和思考，笔者在这里提出四种激发和培养人的阅读兴趣的方法，供大家参考。

阅读认知强化法

这种方法属于通过动机驱动的基础性方法。主要是通过一些行之有效的方式，让阅读主体认识和深刻感知阅读对于个人的重要性，从而产生阅读的动力并付诸阅读实践进而逐步养成阅读习惯。具体方法包括了解他人的阅读故事、分享他人的阅读感受、参与集体阅读体验等。

主题阅读牵引法

这种方法属于主动设计、主动引导的方法。其是指围绕 1~2 个阅读主体特别感兴趣的主题（这种主题每个人都会有，如爱、幸福、责任感、虚荣心等），找出一本或几本与此主题相关的好书进行阅读，从而产生对于阅读的好感和兴趣。在实践中，对于那些事前阅读兴趣很低、很难看完一本书的人来讲，采取此法时，开始可能需要通过比较强的自我约束和他人约束，逼其阅读完那几本书特别是第一本书。从实际效果来看，只要所选择的书是契合其兴趣主题的，又能够完整阅读那一本和几本书的，激发起阅读兴趣的可能性是很大的。这种阅读牵引法的使用对象比较广泛，也是笔者非常看重和重点推荐的一种方法。

契合需求阅读介入法

这种方法属于把握契机、适时介入的方法。其是指阅读主体在工作、生活、健康和情感等方面遭遇到比较大的变故和心理遭受到比较大的冲击时，及时地找出一本或几本能够缓解其压力、释怀其心理、帮助其渡过难关的书进行阅读，从而拉近其与书本的距离进而爱上阅读。同上面的主题阅读牵引法相比较，此法虽然需要一些机缘巧合，没法去主动设计，但一旦碰上，而且书本又选择得很好的话，个体阅读那一本或几本书的自觉性、自我性会强很多，而且培养起其阅读兴趣的可能性会更大。

野蛮生成法

这种方法属于无条件介入、强推生成的方法。其是指在不过多考虑阅读主体兴趣、需求等时机背景的前提下，按照大众化标准，选取和锁定一本经典好书，让阅读主体在相对连续的时间段内克服恐惧心理完整地阅读完该书，并激发起其阅读兴趣。由于与上述第二、第三种方法相比较，此法不考虑阅读主体的兴趣、需求，介入的针对性不强，所以看起来比较野蛮和粗暴。但尽管如此，此法在实际运用中往往会取得不错的效果，而且其还具有广泛的适用性。

除了上面这四种方法之外，通过亲子阅读来激发和培养儿童的阅读兴趣，也是被实践证明了的行之有效的方法。关于亲子阅读，在后面我们还将专门进行论述。

由于作为阅读主体的每个人的年龄状况、文化背景、受教育程度以及自身阅读的基础是有很大差异的，所以，想要找出一套放之四海皆准的阅读兴趣的激发和培养的方法显然是不现实的，笔者这里所提出的也只是一般性的方法，具体方法的选择和使用，就要根据实际情况而定了。

还有一点需要说明的是，每个人的阅读欲望都是客观存在的，关键在于你是否去激发了它，什么时候去激发了它。很多人认为人的阅读欲望的激发和阅读兴趣的培养一定要从童年阶段做起。这个自然没错，但笔者想说的是，其实人的阅读欲望的激发和阅读兴趣的培养什么时候都不迟，10 岁可以，20 岁可以，甚至 50 岁、60 岁都可以，按照笔者上面所提到的几种方法，有时候越是年龄大一些，越是生活积累和感悟多一些，激发阅读兴趣的可能性还会大一些。

"从五个一开始"养成阅读习惯

阅读习惯和阅读兴趣如同孪生兄弟一样，不仅直接影响和决定着一个人的阅读实践及其体验，两者之间也相互依存、相互促进。浓厚的阅读兴趣有利于良好阅读习惯的养成，良好的阅读习惯则可以促进阅读兴趣的培养和激发。在实践中，一个人阅读兴趣的培养和阅读习惯的养成往往是相融而生、不可分割的。本着继续深入的目的，笔者还是想在前面已经专门谈论过阅读兴趣如何激发培养的基础上，再来说说阅读习惯如何养成的问题。

从结果上看，阅读习惯的养成是自然而然的，但从过程上看，良好的阅读习惯也可以通过科学的设计和艰苦的训练形成，尤其是在浓厚的阅读兴趣还未培养起来之前。这里，笔者给大家，特别是给那些阅读兴趣还未完全培养起来的人，提供一种"从五个一开始"的阅读习惯养成法。

从一个自我约定开始。

如约定自己每天睡觉前必须阅读 30 分钟或 40 分钟，约定自己每周收听收看一次阅读节目，约定自己一个月去逛一次书店，等等。先从一个约定开始，而且约定好后就要强制自己坚决做到。

从制定和落实一个适中的阅读规划开始。

这个规划的核心就是在多长的时间内一定要读完多少本书。这个规划因人而异，对于那些阅读兴趣还未培养起来的人而言，笔者的建议是以 3 个月为规划期，以 3 个月内读完 6~7 本书为宜，阅读对象和内容可以包罗万象，起初不必刻意设计主题书单。

从读透一本书开始。

就是不管三七二十一，先强迫自己认真读完、读透一本书。这个就是我们在前面谈论阅读兴趣培养时提到过的野蛮生成法，在此不再重复。

从加入一个阅读圈开始。

这个阅读圈可以是线上的，也可以是线下的，可以是熟人圈，也可以是陌生人圈，关键在于能够经常参与和感受有关阅读的分享交流。当然，如果起初没有找到合适的阅读圈，先交上一个热爱阅读的朋友并有意识地和他交流分享也未尝不可。

从尝试撰写一个读后感系列开始。

针对自己制定的阅读规划，边阅读边撰写阅读心得。当然，在这方面不能对自己要求太高，每次一段话可以，一句话甚至几个字也行。

上述"五个一"，如果实在无法同时做到，先从其中的一两个开始也行，逐步推进，逐步叠加，阅读习惯就可能慢慢养成。

让那个美丽的"邂逅"尽早出现

观察和研究很多人的阅读经历，我们会发现一个非常奇特的现象，很多人喜欢上阅读，往往就因为某一本书而起。就是说，他可能以前对阅读没什么兴趣，除了因为眼前需要而不得不读些书外，也很少会去读其他方面的书，但就是因为某次机缘巧合读了某本书后就从此爱上了阅读。笔者称之为美丽的"邂逅"，因为有了这次"邂逅"，从此就爱上了"她"。

至于说为什么会有这种奇特的现象，还有待于我们从心理学甚至生理学等各方面做深入而全面的研究。但这种现象至少给我们带来了一个十分有益的启示，那就是：无论是在个体自我阅读兴趣的培养中，还是在我们帮助他人培养阅读兴趣时，一定要让那个美丽的"邂逅"尽早出现。实际上，笔者所提到过的几种阅读兴趣激发培养的方法，在一定程度上也是受到了此种现象的启发。

说到"邂逅"的对象，一般人可能会想到那一定是个一见钟情、神清气爽、从一开始就无比享受的美丽对象。但事实上可能并非如此。因为那本打动了你、深刻影响了你甚至让你从此爱上阅读的书，既可能是一本你一开始就非常感兴趣、易读易懂的书，也可能是一本内容深奥、难于阅读的书。正是因为你最后下定决心真正读透、读懂了这深奥难懂的书并且与之产生了巨大的情感和认知契合，"她"对你的影响才会更加深刻、更加巨大，才会让你从此真正感受到阅读的乐趣和价值，这个邂逅的美丽实际上是后来感受和体会到的美丽。我们之前在论述阅读兴趣的激发方法时所提到的"野蛮生成法"，其实也蕴含了这个道理。我们很多人往往在一生中既没有一见钟情的美丽"邂逅"，也没有下定决心读透读懂一本好书后的美丽"邂逅"，这不能不说是一种遗憾。笔者甚至有种观点，只要你真正完整地读完读懂过一本经典好书，大概率你会爱上读书。

珍惜和把握与书"热恋"的感觉

在人们的阅读体验中，有种类似于与书"热恋"的感觉是非常难得的。

这种感觉就如同少男少女陷入爱情的热河一样。随着你对某本书的了解和阅读的深入，你会产生一种如饥似渴、欲罢不能的感觉：外出时你总想着带上"她"，一有空就去读上几页；即使无法带上"她"，也会时时想起"她"，而且一回家就会马上捧起来读。不仅如此，你的脑海里还会时不时地浮现出书里面的故事和情景。

对于阅读经历丰富的人来说，这种感觉是值得珍惜和回味的。对于阅读经验不算丰富、阅读兴趣正在培养的人来说，则要努力去找寻、把握这种感觉并从中体会阅读的乐趣，这对于阅读兴趣的培养非常重要。

在我们曾经开展的阅读经历与阅读体验访谈中，一位已经是资深书迷的中年人就反复提及他与《平凡的世界》那本书"热恋"的故事。他说他小时候并不热爱阅读，但读高中的时候，机缘巧合下开始阅读《平凡的世界》，随着阅读的深入，他对这本书和书里的情节越来越着迷，甚至上课的时候都会偷偷地去看，也正是这本书，让他开始爱上了阅读。此外，还有不少读者也都提及他们与金庸的武侠小说"热恋"并逐步爱上阅读的故事。

当然，"热恋"肯定不是我们培养阅读兴趣的全部，即使有了与书"热恋"的经历也未必就会从此爱上阅读，珍惜、把握这种"热恋"的感觉，并以此为契机，不断强化我们的阅读认知，拓展我们的阅读领域，丰富我们的阅读体验，才是关键！

阅读经典

　　阅读经典，是我们在谈论阅读问题时必然绕不开的一个重要话题。

　　所谓经典就是指经过历史的流传和选择而经久不衰、被广泛认可的具有权威性、价值经典性的作品。经典之所以能够成为经典，其中必然含有隽永的美、永恒的情、浩荡的气。经典通过主题内蕴、人物塑造、情感建构、意境营造、语言修辞等，容纳了深刻流动的心灵世界和鲜活丰满的本真生命，包含了历史、文化、人性的内涵，具有思想的穿透力、审美的洞察力、形式的创造力，因此才能成为不会过时的作品。阿根廷著名作家豪尔赫·路易斯·博尔赫斯在《探讨别集》中则认为"经典是一个民族或几个民族长期以来决定阅读的书籍，是世世代代的人出于不同的理由，以先期的热情和神秘的忠诚阅读的书"。阅读经典，是我们与人类历史上那些智者、先行者进行对话最重要的途径之一，也是最能从思想上对我们产生潜移默化影响的方式之一。无论是一个民族的阅读史，还是一个人的阅读史，都不应该缺少对经典的阅读与体验。

　　尽管大多数人对于经典阅读的意义都有基本的认识，但在具体的经典阅读实践中，很多人往往有种读不下去的感觉。前些年，国内某出版社曾经在网上做过一个"死活都读不下去排行榜"的书目调查，结果进入前十名的书目大多数是《红楼梦》《百年孤独》《瓦尔登湖》《追忆似水年华》《钢铁是怎样炼成的》等中外经典名著。究其原因，一方面是因为很多经典名著中都包含大量的概念、观点和深层次的逻辑思考，如果非兴趣和专业所在，读起来会比较枯燥和乏味；另一方面是因为很多经典名著或者是翻译过来的或者是非白话文写就的，读起来会比较吃力甚至感到艰涩，如柏拉图的《理想国》和亚里士多德的《政治学》等。那么问题来了，我们到底应该如何对待和开展经典阅读呢？这里，笔者想给大家提出以下三个方面的建议。

其一，阅读经典要有正确态度。

前面我们说过，正确的阅读态度是把阅读既当成我们学习提高的重要途径，也当成我们生活的一部分；既要有目的性，又不能过于功利。经典阅读更是如此。经典阅读的体验是个潜移默化、润物无声的过程，如果你是抱着想快速获得某种功用的目的去阅读经典的话，不仅目的难以达到，而且还难以为继。所以，阅读经典，超越"无用"与"有用"之心理、树立一种不带简单功利心的态度十分关键。只有我们以一颗"无用"之心来对待和阅读经典时，经典阅读的"有用"才会到来。

其二，要有意培养自己阅读经典的兴趣。

这点十分关键。如果你没有阅读经典的兴趣与爱好，那么阅读经典对你来讲可能就会是件非常痛苦而难以为继的事情。阅读经典兴趣的培养，笔者认为关键在于三点：一是要注意由浅入深。经典并不意味着都是深奥难懂的，当我们开始阅读经典时，可以首先选择那些通俗易懂的经典作品来读，逐步往深里读，不要一开始就被那些难读难懂的"大部头"给吓住而永远没法往前走。如叔本华的

《人生的智慧》、卡内基的《人性的弱点》以及李泽厚的《美的历程》等都是易读易懂的经典著作。二是注意从自己感兴趣的话题和领域入手逐步拓展，比如爱情、生死、人性、背叛、幸福等，如果你对这些内容感兴趣，你就会更愿意读下去，就会更有可能产生阅读经典的兴趣。三是坚持。这点非常重要，阅读经典，一开始你可能会觉得比较乏味，但只要你坚持了，久而久之你就会感受到其中的乐趣甚至"深陷其中"。

其三，要把握阅读经典的基本方法。

一是阅读经典最好选择一段相对较长和固定的时间来阅读，不要以碎片化的时间来阅读。二是阅读经典最好采用整本书的阅读方式，不要以碎片化的内容来阅读。当然，在培养阅读经典的兴趣时，可以适当通过碎片式、主题式的方式来进行。三是阅读经典最好采用精读、慢读和沉浸式的阅读方式，有时候甚至需要反复去阅读，要去细嚼慢咽，用心思考和体会。著名评论家解玺璋在《一个人的阅读史》中谈到阅读经典时就说"别无他法，唯有一字一句认真读下去"。四是如果条件允许，最好有人能够针对具体的经典读本，引导和帮助我们读，对于那些初读经典和阅读经典的兴趣还没有培养起来的人来讲，尤有意义。

最后，想特别提醒大家一句的是，经典是好，经典阅读也很有必要，但我们不能走入"经典主义"的误区，不能为读经典而读经典。特别是对于少年儿童来讲，我们更不能以阅读经典为理由，粗暴地甚至极端地进行所谓经典阅读的强推，以及机械式地进行所谓经典内容的灌输！

多读点人物传记

在我们的荐书建议里面，人物传记是我们非常看重和非常想给大家推荐的一类书籍。阅读这类书籍，不仅会让你获得独特的审美体验，还会有效激发你的阅读兴趣，让你爱上阅读。

人物传记就是记载人物经历及其思想情感的作品，其记载的经历可能是一个人一生的经历或大半生的经历，也可能是某个时间段的经历。人物传记的载体可以是文字类的、图片类的，也可以是视频类的。我们这里所谈到的主要是指以文字记载为主的传记。

人物传记一般可以分为自传体传记和他传体传记。自传体传记就是自己写自己的传记，如韩国前总统朴槿惠的《绝望锻炼了我：朴槿惠自传》、爱新觉罗·溥仪的《我的前半生》等。他传体传记就是由他人所写的传记，他传体传记中，有的是由被立传者的亲人、朋友通过回忆所写的，如《居里夫人传》就是由居里夫人的女儿写的，还有的是由记者、传记作家等其他人通过采访、资料收集整理后写的，如国学大师林语堂写的《苏东坡传》、著名作家沃尔特·艾萨克森写的《史蒂夫·乔布斯传》。除此之外，我们还可以根据被立传者的身份将人物传记做一些分类，如政治类的、科技类的、文艺类的等。

无论是从审美体验来看，还是从阅读收获来看，阅读人物传记带给我们的许多东西都是阅读其他类书籍所无法比拟的。

阅读人物传记可以让我们获得不一样的人生体验和审美体验。不同的人有不同的人生经历和人生体会，阅读人物传记可以让我们感受和体验不同角色的人生经历。所以有人说通过阅读人物传记可以"在别人的生命里多活一次"，笔者觉得这种说法还是比较形象和生动的。此外，人物传记都是以历史上或现实生活中的人物为对象，其所描绘的真实的人生经历、丰富的故事情节以及字里行间蕴含的思考与体会，都会带给我们震颤心灵的契同感。

阅读人物传记可以让我们获得人生的启迪与智慧，可以强大我们的内心，增强面对、克服困难与挫折的勇气。优秀的人物传记大多包含了人生追求、奋斗和成功的真知灼见，包含了生活中真善美的道德感悟，阅读这些传记，时常会让我们产生一种醍醐灌顶的感觉。任何人的一生都不可能是一帆风顺的，越是成功的人，越是伟大的人，其人生越有可能经历过巨大的坎坷与困苦，这一点，在所有优秀的人物传记中几乎都有体现。阅读《凡·高传》，了解到他与病魔苦苦搏斗一生最后换来辉煌的艺术成就的经历后，我们还会为眼前遭遇的一点身心打击而沮丧颓废自暴自弃吗？阅读《邓小平传》，了解到他三起三落但矢志不渝追求不改最后改变中国命运的人生后，我们还会为暂时的那点困难和挫折灰心丧气一蹶不振吗？而作为一部影响了几代美国人的励志奇书，《富兰克林自传》讲述了富兰克林从一位贫困家庭的孩子在经历种种磨难后成为一个令人难以置信的通才的成长经历，该书被公认为改变了无数人命运的美国精神读本。

阅读人物传记可以让我们找到人生的榜样。这一点对于青少年来讲尤其重要。许多伟大的历史人物和我们现实生活中的成功人士，在自己的人生道路上都曾经有过从人物传记中确立榜样、激发动力的经历。毛泽东在湖南长沙第一师范读书的时候，通过阅读从同学那里借来的《华盛顿传》，内心无比震撼，更加坚定了自己的人生追求。大家非常熟悉的《钢铁是怎样炼成的》《假如给我三天光明》等传记也给很多人树立了自己的榜样。

阅读人物传记可以让我们了解历史。由于任何一个被立传的人物总是置身于其特定的历史时代的，所以阅读人物传记可以让我们从另外一个角度了解相关的历史和时代背景。如用来记录希拉里·克林顿国务卿生涯的《见证：国务卿希拉里·克林顿》一书，不仅详细记载了希拉里的外交经历与故事，也从更宽广的视野反映了21世纪初期美国与世界的格局与博弈，而由美国著名传记作家兼历史学者布赖恩·克罗泽撰写的《蒋介石传》也可以让我们从另外一个侧面更好地了解那一段难忘的中国历史。

任何人的阅读生活里，都不应该缺少对人物传记的阅读。

避免阅读"偏食"

在我们的现实生活中，有的人书读得不少，但存在一个不能忽视的问题，那就是读的内容太单一，这也是需要引起注意的。就如同我们吃东西一样，吃当然是要吃的，但也不能偏食，阅读也是这个道理。

在实践中，阅读"偏食"通常有以下四种表现：一是只读自己感兴趣的内容或作者的书，其他内容或作者的书就懒得去读；二是只读轻松消遣类或者实用类的书，如一些流行的畅销小说和工具书等，不读或者很少去读有思想深度的经典好书；三是只读与自己专业有关的书，与自己专业无关的书就不读；四是只愿意读国内或者国外的书，很少兼顾。

阅读"偏食"可能造成我们认知上的"狭隘"和思想上的"营养失衡"，严重的话，还有可能造成我们精神上的偏执。以《包法利夫人》的主人公包法利夫人为例，由于她早年沉迷于那些专供女性阅读的浪漫小说，她的一生再也未能从男欢女爱的幻觉中清醒过来，她把爱情视为生活的全部，误判了人生的真谛，也消磨了人生的幸福。当然，这个例子可能有些极端，但也从一个侧面说明了阅读"偏食"可能带来的一些弊端。

那么，我们应该如何避免或者解决阅读"偏食"的问题呢？笔者觉得可以从以下五个方面去努力。

一是多多尝试。

就是要保持必要的好奇心，愿意和敢于接受新鲜事物。除了自己喜欢阅读的内容外，也要多尝试下自己平时不怎么喜欢阅读的内容。比如哲学，读上几篇，说不定就喜欢上了。再如科幻，也许你只要认真地去读上一本，就会迷上。古今中外，上下几千年，好书多多，你不去试读，永远不知其中的乐趣和"营养"。同样的道理，如果我们是做阅读推广的，或者面对的是阅读"偏食"的孩子，我们也要引导他们尝试着去读读其他方面的书。笔者认为这是解决阅读"偏食"问题最简单也是最有效的办法。

二是避免先入为主。

例如有些人偏激地认为，只有经史子集之类的书是好书，其他的书都不行；还有些人认为管理学的书只有西方的好，中国的都不行，等等，这都是先入为主的表现。如果我们先入为主地给自己框定哪些是好书，哪些不是好书；哪些是应该读的，哪些是不应该读的话，阅读"偏食"自然就难以避免了。要改变阅读"偏食"，先要从避免先入为主开始。

三是不要太过功利。

前面我们专门说过，阅读都是有动机的，这点没什么问题。问题是阅读不能太过功利，不能只是为了眼前那些看得见的好处才去阅读，除此之外就不愿意去读。以某些实用性很强的管理工具书为例，这些书当然要读，毕竟基本的工具和技能还是要掌握的，但如果局限于此甚至沉溺于此，那就有问题了，比起那些基本的工具和技能，那些真正反映管理之道、人性之本的书同样值得去读。

四是反其道而行之。

这种方法的对象主要是阅读"偏食"的孩子，其具体操作方式为：从孩子不喜欢甚至讨厌的书中找出一本来，首先让他说说为什么不喜欢，然后找出其中的部分章节用心用情和他一起读，在这个过程中，他也许会发现其中的乐趣从而在心理上产生"真的啊"的逆向认知，这种反其道行之带来的新鲜感和心理暗示，可能会对孩子阅读"偏食"的习惯带来改变。究竟效果如何，大家在实践中不妨试一试。

五是与极端思想划清界限。

大千世界，纷繁复杂，鱼龙混杂，难免会有一些不良思想甚至是极端思想及相关书籍存在，我们一定要与这些思想和书籍划清界限，尤其是要对那些存有不良目的的个人、组织及其宣传引导保持高度警惕，避免误入"洗脑"式的阅读。

最后还想补充说明一点的是，成年人也好，小孩也好，喜欢阅读本身就是件很值得欣慰的事了，我们应该尊重他们享受自由阅读的权利。我们可以为了避免阅读者特别是小孩出现阅读"偏食"进行必要、适当的引导与帮助，但不应对他们读什么横加干涉甚至无端指责（极端类阅读除外），更不能以什么道德的名义去评价和指责。

选择自己想读的书

在各类书籍纷繁复杂、良莠不齐的今天，无论是买书来读，还是借书来读；无论是纸质阅读，还是电子阅读，都存在一个怎么选择的问题。这不仅影响甚至决定我们的阅读质量与效果，也事关我们对时间的有效利用，马虎不得！

关于我们应该多读哪些方面的书的问题，前面我们已经专门探讨过。我们这里主要探讨的不是选择什么方面的书来读的问题，而是探讨当你确定了想读哪方面的书，在买书或借书过程中怎样来选择的问题。

关于这个问题，笔者想从"三大原则、五个方法"来给出参考意见。

原则一：找经典名著。

前面我们说过，经典名著是经过历史的流传和选择而经久不衰、被广泛认可的具有权威性、价值经典性的作品。总体来看，无论在哪个领域、哪个方面，都会有那么一本或几本被视为经典的书籍。经典的文学作品如《傲慢与偏见》《老人与海》《红楼梦》《平凡的世界》等，经典的心理学作品如《梦的解析》《动机与人格》《乌合之众》等，经典的经济学作品如《国富论》《资本论》，等等。这样，当你想阅读哪个方面的书籍时，就去找这个方面的经典名著，基本不会错。这个原则也是最重要的原则。这里还要顺便说一句的是，如果你要选工具书的话，记得一定要选权威的。当然，并不是说经典的、权威的就一定是百分之百正确的，但相对而言，那是我们在一个时间段内最值得信赖的。

原则二：找原著原版。

一方面，如果条件允许而又具有相应的阅读能力的话，要尽量找原著来读，而且越是经典作品越要这样，因为有些翻译着实不怎么样，不仅内容大打折扣，而且读起来也很费劲；另一方面，除了儿童阅读外，一般不要去读那些被过度改编、被节选了的书，因为不少好的书编来改去已经变得面目全非了。

原则三：找对出版社。

这里面包括两层含义：一是正规出版社，如果找不到正规出版社，基本前提就无法保证了；二是口碑要好，历史悠久的、受到大家一致肯定的出版社出版的书应该成为我们的首选。另外，不同的出版社一般都会有自己的侧重点、特色和优势，如人民文学出版社在文学类书籍的出版上，中国社会科学出版社、三联书店在社科类书籍的出版上，上海译文出版社在外国文学作品，商务印书馆在汉译名著的出版上，中华书局、上海古籍出版社在古籍的出版上都有着各自的优势，了解它们的这些优势和特色后，我们在选书上就会更有依据一些。

在把握这些原则的基础上，我们还可以通过以下五种具体的方法来选书读。

一是亲自到书店书架上去选书。

这是最原始也是最实在的一种选书方法，通过对相关书架上书籍的快速阅览和综合比对，选出自己想要读的书。尽管说这种方法费时费力，但来得真切，而且选书的过程本身就是种阅读体验。

二是参考荐书来选书。

老师、同学、亲友和专业圈内人士推荐的书，还是有很好的参考意义的，因为他们熟悉你、了解你的需求，所以给你推荐的书会有较强的针对性，而且一般不会轻易荐书给你。此外，现在网上也会有各种荐书，尽管五花八门、鱼龙混杂，不可全信，但多多对比，参考参考也是有意义的。

三是参考有关评价和评分来选书。

随着互联网、大数据的迅速发展和网上阅读互动的增强，现在不少网络平台上推出了阅读的评价和评分，如大家非常熟悉的豆瓣评分等，笔者认为其中有些评价和评分还是比较中肯客观的，可以作为我们选书的一个参考维度。

四是参考领域内权威人士的阅读心得和意见建议来选书。

这种方式针对两种情形的选书尤其适合，一是新推出的书籍，二是专业内的书籍。参考这些权威人士的阅读体会和意见建议，对于我们选书是很有帮助的。

五是通过好书来选书。

什么意思呢？就是在一些经典名著和我们特别喜爱的书中，可能会提到另外一些好书，如查理·芒格在《穷查理宝典》中提到亚当·斯密的《国富论》等，而这些提到过的好书自然可以成为我们选书时的重要参考对象。

当然，不同的人有不同的知识背景，不同的人有不同的阅读能力和阅读习惯，这也就决定了我们不可能按照几种固化的、机械的原则和方法去选书，而要根据自己的实际情况去寻找真正合适自己的书。

常到书店逛逛

随着网上书城和网络购书的蓬勃发展，现在不少人认为我们没有什么必要再去逛实体书店了，果真如此吗？至少，笔者不这么认为。

我们先来回忆一下我们过去逛实体书店的情形：或者是事先想好了要买某本书，然后到书店去买；或者本没想好要买哪本书，到书店看到中意和有兴趣的书后就买了；或者本身没有具体的买书打算，就是到书店去逛一逛，最后也没有买书。

随着这些情形的回忆，我们似乎有了答案。如果仅仅就简单地购书而言，网上下单，网上支付，送货上门，方便得很。但如果就选书而言，实体书店就不是网上能够完全替代的了。因为到书店里选书，无论是书的形式还是内容，都可以很直观地呈现在我们的面前，我们甚至可以通过翻阅浏览真切地去感知它。此外，相较于网络上纷繁众多的书籍，实体书店里呈现的书籍一般都是新推出且经过别人筛选了的书。从这个层面来看，到书店里选书实际上是个直观地接受别人荐书的过程，这个过程在网上显然是无法替代的。现在有些人考虑网上购书的打折优惠，于是在买书之前，先到实体书店去看一看，如果发现想要或者喜欢的书后就记下来，回家后再到网上去购买。说实话，对于这种精明的做法，笔者是不太赞成的。

其实，笔者坚持认为今后我们还是要多到书店里去逛逛的主要原因，还不在于上面讲的这些。在笔者看来，逛书店既是阅读体验的一部分，也是一种难得的生活方式，我们千万别轻易放弃和远离了这种生活方式。基于这种生活逻辑，我们去逛书店，可能本身既不是为了买书，也不是为了选书，而是一种不由自主的行为、一种抑制不住的冲动、一种没有目的的自由前往。在书店里，看到感兴趣的书我们会随意地翻一翻，碰到合适的书我们会随心地买上一本，有时候，我们甚至会和书店老板、志同道合的偶遇者们聊一聊……在那里，我们会感受到一种难得的自由、轻松和惬意。这也不禁让我们想起了到电影院看电影一事。前些年，随着网络的发展和普及，很多人担心去电影院看电影的人会越来越少，甚至担心电影院会关门，但事实证明，去电影院看电影的人不仅未减少，而且定期到电影院去看场电影甚至成了很多人和很多家庭生活的一部分。想想，其中原委和逛书店也有很多类似之处。

当然，阅读体验不会一成不变，人的生活方式也会转型升级，面向未来，如何更好地吸引人们想去、愿去、爱去书店逛一逛，也是书店运营创新需要认真考虑的问题，不然，前往书店的人可能真的会越来越少。关于这方面的话题，我们后面还会专门谈到。

享受赠书的乐趣

笔者一直认为，赠书是人与人之间联络感情、交流文化和体现彼此尊重非常合适的手段，也是养成阅读习惯、享受阅读生活的一种有效方式。相比于酒场、牌场上的你来我往和简单的赠钱赠物，无论是在形式上还是内容上，赠书都显得清新得多、高雅得多，也珍贵得多。所以古人说"君子赠人以言，庶人赠人以财"。

但在我们现实的生活中，除了自己所著之书赠予别人和参与一些公益赠书外，我们大多数人还是没有赠书的习惯，赠书成为一种社会时尚就更谈不上了，这不能不说是一种遗憾。

当然，赠书并不是一个简单的事儿，其中的一些讲究和学问，还是很值得我们思考和把握的。

先说赠书的对象。一般来讲，是赠给自己熟悉的人，或亲友，或同事，或同学，或长辈，或师长，不熟悉的人一般不赠。即便是熟悉的人也未必都适合赠书，那些对阅读兴趣不大的人，最好别赠。当然，教育培训和阅读推广属于例外。

再说赠书的内容。最基本的一点，所赠之书要是健康之书，不能庸俗低劣。书的内容最好是被赠之人的兴趣或专业，是对方熟悉的领域和爱好的范畴，如果是双方曾经交流和探讨过的主题的书自然更好。还有一点至关重要的就是，给别人赠送的书一般来讲要是自己读过的书，不能自己没读过也不了解就随意赠人，从某种程度上讲这属于对别人的不尊不敬。

最后说说赠书的方式。这点千万不能忽视。赠书的方式可以多种多样，可以通过邮寄赠送，也可以托人代送。但对于长者、师长和比较特殊的对象，最好当面呈送甚至是登门赠送。而且无论以何种方式赠送，最好都要通过留言（最好不要直接写在书本上）、电话、邮件、短信或者当面说明的方式表达自己的推荐理由和一些心得体会，以示尊重。

既然有赠书，就会有受书。赠书有赠书的学问，受书也自然有受书的讲究，只有这样，赠书才能形成良性循环，赠书的良好风尚才会慢慢形成。关于受书，笔者觉得一般来讲要注意三点。

一是收到赠书后，最好在第一时间内予以简单回复，表示已收到，表达感谢之意。如果是当面接受的赠书，在条件允许的前提下，最好简单地翻阅和回应下，以示尊重。

二是读完所接受的赠书后，如果时机具备，可以和赠书者简单地交流下自己的阅读心得。

三是有来有往，接受别人的赠书后，在合适的时候也可以回赠对方一书，但不能为回赠而回赠，更不能因此而成为双方的负担。其实，对于很多受书者而言，特别是对于那些因工作和特殊身份的原因而经常接受赠书的人而言，要做到这三点其实是很难的，我们自然也就不必过于苛求了。

无论赠书还是受书，因身份、地位的差异和时机场合的不同，在处理方式上自然不同，切不可一概而论。

家庭藏书不可一藏了之

在平时的阅读推广过程中，经常有人会问这样一些问题：家庭要不要藏书？家庭藏书要注意些什么？对于这些问题，这里也和大家交流探讨下。

说到家庭藏书，我们先还得把藏书和一般意义的书籍保存区别开来。前者是一种有计划、长期坚持的书籍收集、保存行为，其行为目的不仅仅是方便阅读，还是一种基于书籍收藏的特有的体验过程。而一般意义的书籍保存更多的是为了方便阶段性的阅读，其所保存的书籍不多，大多也无长期存有的计划。

关于家庭要不要藏书的问题，其实没有一个很标准的答案。但在笔者看来，家庭藏书一般要具备两个基本的前提：一是有藏书的兴趣和情怀，如果一个家庭中没有任何人对藏书有兴趣爱好或使命情怀的话，自然就没必要开展家庭藏书了；二是要具备一定的藏书条件，包括藏书的场所、工具以及基本的经济条件。

好了，如果你或者你的家人既具有较强的藏书兴趣或情怀，家庭又具备藏书的基本条件的话，我们再来谈谈家庭藏书中的一些注意事项。这里，我们给大家提出一个"四要三防一光顾"的家庭藏书要点。

先说说"四要"吧。

一是藏书要有一定的规模。如果只是寥寥数本，那不是真正意义上的藏书。当然，家庭的藏书，数量规模并无固定的标准，也不是越多越好，而是要量力而行。

二是要有相对固定的藏书场所，如书屋、书架和书柜等。这个好理解，不多说。

三是藏书要有一定的特色。对于家庭藏书而言，除了极少数的家庭可能需要也能够开展综合性的大规模藏书外，多数家庭藏书还是应该结合家庭和家庭成员的兴趣爱好开展特色书籍的收藏，不能一味贪大求全。当然，从营造书香家庭氛围、激发家庭阅读兴趣的角度出发，笔者也建议在确保一定特色的前提下，家庭藏书的结构也应保持必需的丰富性，文史哲法，古今中外，经典流行，都可以适当藏一些。如《论语》《道德经》《唐诗三百首》《可装裱的中国博物艺术》《资治通鉴》《菜根谭》《曾国藩家书》《水浒传》《红楼梦》《西游记》《三国演义》《全球通史》《人类的故事》《世界文明史》《国富论》《苏菲的世界》《发现之旅——历史上最伟大的十次自然探险》《格林童话》《一千零一夜》《百年孤独》《钢铁是怎样炼成的》等。

四是藏书要长期坚持。藏书一定是个日积月累、长期坚持的过程，而不是一阵子甚至运动式的行为，只有长期坚持，才能真正体验藏书其特有的韵味，才能历久弥香。

再说说"三防"。

一是防火。要防止所藏之书因火而毁于一旦，包括不在藏书场所吸烟和乱丢烟头，不在藏书场所使用蜡烛和明火取暖，配备必要的消防器具等。

二是防潮。要防止因潮湿损坏所藏之书，包括书屋、书柜位置的合理设置，适时进行通风，利用相关设施设备进行除湿，等等。

三是防鼠防虫防菌。具体的防治方法，需要的话大家可以查看一些专业资料或者向专业机构咨询。

最后再说说"一光顾"。

所谓光顾，就是要经常光顾所藏之书，不能一藏了之。光顾的目的主要在于两个方面：一是适时查看、打理所藏之书，二是亲近这些"宝贝"，而后者尤为关键，这种亲近可能是深度地阅读，也可能是随意地翻一翻，甚至可能就是简单地浏览下书名和书脊，但无论是哪种亲近方式，都是一种难得的体验，也是不可缺少的。

Part 3

学会阅读

在本部分中，你将重点了解到：

- 我们应该掌握哪些基本的阅读方法？如何更好地体验"阅读之美"？

- 阅读疗法是什么，在实践中该如何科学地把握和运用？

阅读之前一定要设定目标吗

在阅读推广实践中，经常会有人问，阅读一本书之前需要先设定具体的阅读目标吗？如何设定？

在探讨和回答这个问题之前，笔者还是想先说说什么是目标、什么是目的，以及二者之间的差别。通常来说，目标是指某种行为在特定时间内所追求的特定的、个别化、具体的结果，往往具有阶段性的特点；目的则是指某种行为普遍性、终极性的追求，往往比较抽象。在英文著述中，目的用的是 goal 一词，目标用的是 objective 一词。

了解目标和目的之间的差别之后，结合我们之前围绕阅读动机所做的分析，就很容易得出这样一个结论：任何一种阅读行为，无论是知识获取性的阅读、精神满足性的阅读，还是消遣性的阅读、猎奇性的阅读和感官刺激性的阅读，都是有目的的。但这并不意味着任何一次阅读行为或者阅读任何一本书都是有具体的目标的，例如，晚上睡觉前随意拿出一本小说来看看，就是图个消遣，可能就没有什么具体的阅读目标，即便是很多精神满足性的阅读，具体到某次特定的阅读，可能也没有具体的阅读目标。所以，并不是所有的阅读都是有具体的目标的。

　　既然不是所有的阅读行为都有具体的目标，自然也就意味着并不是在阅读任何一本书之前都需要设定具体的阅读目标。

　　那么，阅读哪些书之前我们需要设定具体的阅读目标呢？在笔者看来，在阅读那些实用类（包括知识获取和理解力的增进等）的书籍之前，最好设定具体的阅读目标。这样做，一方面便于增强我们阅读的主动性和专注度，另一方面也可以增强我们阅读的选择性和针对性，从而让我们采用更加合适的阅读方式。

　　至于具体阅读目标的设定，那就要根据具体情况而定了。就目标设定内容而言，有时可能是对某个领域、某个系统和某个主题主体框架、基本理论的总体把握，有时可能是对某个具体概念、具体问题的深入探究，有时可能就是对某些和某个知识点的基本把握。就目标设定的形式而言，有时可能就是在阅读之前在脑海里简单设定一下，有时可能就需要通过笔记进行详细的设定了。

　　补充说一句，我们这里所探讨的阅读目标，主要是指内涵性的阅读目标，而不包含阅读时间长短、阅读内容多少等外在性的阅读目标。

略读与精读

在众多的阅读方法里，略读和精读是一对也是两种最基本、最常用的阅读方法。无论是作为阅读者来说，还是作为阅读推广者来说，都要把握好这两种基本的阅读方法。

一般来说，略读就是指泛泛而读，快速甚至跳跃式的阅读，精读则是指深入细致地读，逐字逐句甚至反复地读。通常来看，消遣类的或者比较浅显的知识类书籍，我们可以采取略读的方式；而那些有一定深度的或者专业性较强的书籍和资料，我们则需要采用精读的方式。另外，在对一些书和资料作初步了解以便决定是否继续阅读或对其中哪些部分开展精读时，我们一般也需要先进行略读。当然，凡事都不是绝对的，在实践中，我们到底采用何种阅读方式，还得具体情况具体分析。

为了充分发挥略读与精读两种阅读方式在我们阅读实践中的作用，笔者认为有以下几点是要牢牢把握的。

首先，精读时要投入，略读时同样要认真。在这点上，很多人往往有误解，认为泛泛而读嘛，自然可以漫不经心、随心所欲。其实不然，略读同样需要认真，否则可能连基本的信息和重点都没有把握，也谈不上为后续的精读做好准备、找到目标了。

　　其次，精读和略读既可以独立使用，也可以分步和交叉使用。独立使用好理解，就是或者采用略读的方式来阅读某些书和资料，或者采用精读的方式来阅读某些书和资料。分步和交叉使用则主要是指两个方面的情形：一方面，有些书和资料，我们或者需要先通过略读的方式做个基本的了解与判断，然后决定是否需要去读或者需要去精读；另一方面，为了给精读做准备，我们需要先进行略读，通过略读了解基本的框架和找到重点的内容，这就是我们上面所提到的作为两个步骤的呈现。

　　再次，精读可以做延伸性的、拓展性的阅读，略读则一般不会。什么意思呢？就是说在精读的过程中，如果遇到不懂的、特别感兴趣的问题、概念和观点，可以停下来，查阅其他的书籍和资料，作更深入、更广泛的了解，但略读一般不会。

　　最后，精读可以是间歇式的，略读最好是持续性的。以通过略读的方式阅读一本小说为例，我们最好能够在一个相对完整的时间段内将阅读完成，如果是断断续续的，良好的阅读体验会大打折扣。同样，当我们以略读的方式先来了解某本书的基本框架和重点时，我们最好也是在一个相对完整的时间段将其阅读完，否则将不利于对总体框架的系统把握和对重点的比对。但精读则不同，对书中观点也好，概念也好，主题也好，可以分阶段地、分步骤地细嚼慢咽、好好品味，或者开展延伸性、拓展性的阅读。

浅阅读和深阅读

如果说我们前面所谈到的略读和精读完全属于阅读方式的范畴的话，那么浅阅读和深阅读则不仅仅属于阅读方式的范畴，还属于阅读状态和阅读特点的范畴，二者既有相同之处，也有不同之处。

浅阅读是指浏览式的、浅层次的阅读，其最大的特点是不对所阅读的内容做深究深考。深阅读是指沉浸式的、深层次的阅读，其最大的特点是对阅读的内容做深入的思考。特别需要说明的是，有些人把浅阅读和深阅读完全对立起来，认为浅阅读是一种肤浅的阅读行为，相比于深阅读，浅阅读对于涵养人的身心并无利处。笔者认为，这种观点和看法是不客观的，因为浅阅读和深阅读就如同喝水品茶一样，是基于不同阅读主体个体差异、由不同阅读动机决定、受不同阅读内容影响的阅读方式和阅读状态呈现，各有各的特质，也各有各的作用和现实合理性，是互补的，也是统一的，切不可偏废，更不可简单地加以取舍。

既然浅阅读和深阅读都是有着各自存在价值的需要，那么，什么时候我们该深阅读，什么时候该浅阅读呢？这也是我们这里要谈到的关键问题。

首先，到底是采用深阅读还是浅阅读，与阅读动机和需求有关，这也是最关键的决定因素。前面我们专门谈到过，人的阅读动机总体上可以分为消遣性、知识获取性、精神满足性、感官刺激性和猎奇性五类。一般来说，以消遣、感官刺激和猎奇为目的的阅读主要以浅阅读的方式进行，而以知识获取、精神满足为主的阅读主要以深阅读为主。当然，这种对应并不是绝对的，在实践中，还要具体情况具体分析，这就会涉及到底采用深阅读还是浅阅读的另外一个重要因素，那就是阅读内容的难易程度。以知识获取性阅读为例，如果涉及的内容比较简单，一看就懂，那么也可以采取浅阅读，目的同样可以达到；如果涉及的内容非常深奥甚至艰涩难懂，那自然需要采取深阅读的方式了。而内容的难易、阅读层次的追求程度，往往又是与阅读主体自身的知识水平、文化涵养、现实需求和精神追求密切相关的，这些也都会在很大程度上影响和决定深阅读和浅阅读方式的选择。

其次，在具体的阅读实践中，浅阅读与深阅读也可能是交替出现甚至交织出现的。当我们以浅阅读的方式阅读一篇文章、一本书时，如果碰到难懂而又想弄懂的问题时，或者碰到感兴趣的概念观点想深入了解时，我们可能马上会从浅阅读转入深阅读。同样的道理，我们在阅读一本有着丰富思想内涵的书时，总体上肯定是采用深阅读的方式阅读甚至反复咀嚼，但对于其中比较浅显和熟悉的内容，我们可能也会随时采取快速浏览的浅阅读方式。

跟随阅读与自主阅读

对于那些阅读习惯尚未完全养成、阅读指向尚不明确的人来说，跟随阅读是一种常见和可能的阅读方式。

所谓跟随阅读，是指在具体的阅读实践中，在阅读对象、阅读内容的选择上采取跟随别人的方式。如别人在读某某作家的书，我也跟着去读某某作家的书；别人在读科幻方面的书，我也跟着去读科幻方面的书。在笔者看来，跟随阅读既是一种方式，也是一种策略。

一般来说，跟随阅读与自主阅读是相对应的，但跟随阅读与自主阅读又不是完全对立和割裂的。就具体的阅读实践而言，一个人在跟随阅读中，也可能包含着较强的自主阅读倾向，如一个人跟随别人去读科幻作品，但到底是读国外作家的科幻作品，还是读国内作家的科幻作品，可能就不是跟随而是有着自己的倾向和指向了。同样，即便是自主阅读意识比较强的人，在其某个阅读阶段和阅读领域，可能也会采取跟随阅读的方式和策略。所以，在我们的阅读实践中，一定要注意将跟随阅读与自主阅读有机地结合起来，根据自我不同的阅读基础、阅读阶段和阅读需要，在跟随阅读和自主阅读中灵活运用、自由切换。此外，随着自我阅读兴趣、阅读风格的逐步形成，大多数人都应该逐步形成以自主阅读为主体、跟随阅读为辅助的阅读形态和阅读模式。

　　特别需要说明的是，跟随阅读与跟风阅读是不一样的。跟随阅读更多体现的是一种阅读策略，被动中蕴含着主动。跟风阅读则不一样，更多表现出的是一种简单从众和娱乐化的阅读倾向。所以，笔者赞成和主张跟随阅读的策略，但反对简单地跟风阅读。

高效阅读一本书

提到高效阅读，一般是指信息与知识获取类的阅读。如果是单纯的消遣类阅读，更多的是跟着阅读感觉走，自由地享受，就谈不上什么高效不高效的问题了。

如何高效阅读一本书，这是个非常复杂而系统的话题，这些年国内外许多学者都多有论述。但有些学者将如何高效阅读一本书与如何快速阅读一本书相提并论甚至混为一谈，这是不当的。

综合各方面的论述和笔者的一些切身体会，这里提出几点建议供大家参考。

首先，高效阅读一本书，可以事先做好两个方面的阅读准备。

一是初步了解他人特别是专业书评人对该书的基本介绍和评价。二是大体确定下自己对于该书的基本阅读目标（如果有的话），这种目标的确定既可以是比较详细的笔记式梳理，也可以是大脑里简单地过一下。

其次，高效阅读一本书，要关注书本的"四眼"。

这"四眼"是指书本中的序言、目录标题、章节段落的概要或总结、后记等四个方面。之所以将这个四个方面称为一本书的"四眼"，是因为通过这四个方面，我们可以"窥见"和大体把握一本书的写作背景、总体框架和基本内容，做到心中有数，也便于在阅读中把握重点。其中，书的序言往往会对该书的写作背景、出发点和基本思路做出说明，书的目录标题会直接呈现出该书的总体框架和关键词，章节段落的概要与总结会对不同章节或段落的重点内容进行提示或概括，后记则会对书中意犹未尽的内容或者需要补充说明的东西进行说明。当然，具体到某一本书而言，并不一定这"四眼"都有，但无论有几眼，好好地关注下，对于有效阅读、高效阅读这本书都是很有好处的。但遗憾的是，有不少人往往忽略了对这"四眼"的关注和把握。

　　最后，高效阅读一本书，要用好一些常用的阅读方法。

　　这些阅读方法主要包括快速阅读法、主题阅读法、精读与略读等，这些阅读方法我们大多数都已有过或者即将进行相关论述，在此就不再赘述了。

阅读输出及其能力提升

阅读输入与阅读输出，是与阅读有关的一对重要概念。阅读输入和阅读输出本身并不能完全割裂开来，二者在实践中往往是相互交替甚至相互融通的。之前我们探讨和交流的很多内容本质上都属于阅读输入的范畴，包括信息、知识的获取，认知、观点和思想的完善与丰富，情感的愉悦等。

这里，我们重点谈谈有关阅读输出的话题。

所谓阅读输出，就是建立在阅读输入基础之上的、基于阅读影响的人们在日常生活和特定情境中的某种表现。所以有人说你的人生就是你所读之书的输出，尽管此话说得有点绝对，但对阅读输出则做出了形象的阐释。一般来说，阅读输出有直接输出和间接输出两种，而且大多数阅读输出都是无意识的、自然而然的，这也从另一个侧面说明了阅读对于人潜移默化的影响。直接输出包括撰写读后感，运用所学的具体技能，阅读后改编剧本、拍摄电影和制作动漫，也包括基于主题阅读的写作与演讲，等等。间接输出则是指人们在日常工作、生活和社会交往中表现出来的某种气质特点和综合素养。我们通常说"这个人一看就是读书人"，其实就是这个人阅读间接输出的结果。就具体的某个人来讲，无论是阅读的直接输出，还是间接输出，都应是个广泛积累、由量变到质变、自然而然的结果和呈现。如果我们习惯于搞"现炒现卖"甚至卖弄所谓的阅读所得的话，那就不是正常的阅读输出了，而且还很有可能弄巧成拙，这点是要特别注意的。

尽管阅读输出是个自然而然的结果，但有意识地提升我们的阅读输出能力还是有必要的。那么，如何有效提升我们的阅读输出能力呢？这里给大家提出四点建议。

第一点建议：广泛阅读。

这是个基本前提，阅读量越大，阅读涉及的范围越广，阅读输出的出口和机会就会越多，阅读输出的质量也会越高。这点无须赘述。

第二点建议：善于总结与提炼。

这点与撰写读书笔记相似，又不完全相同。就是每阅读一本书、一篇文章甚至一段话后，都有意识地去总结和提炼下，其核心观点和思想是什么？有何新意和特点？与自己和其他类似文章的观点与想法有何不同？等等。这些总结和提炼既可以以读书笔记的方式写下来，也可以是在脑海里思考，关键在于培养这种适时总结提炼和思考的习惯。

第三点建议：以阅读后要讲给别人听的方式来要求和倒逼自己阅读。

这种方式也是日本著名阅读学者大岩俊之、斋藤孝等重点推荐的实用阅读术。在笔者看来，这种阅读术对于提升阅读输出能力极其有效。其核心方法就是：当我们每阅读一本书或者阅读一篇文章之时，都反复提醒自己，这本书或者这篇文章读完后我是要将其主要内容介绍给别人的，这样，就会引导和倒逼自己进行有效阅读。

第四点建议：将阅读与自己可能的实际需求进行联结。

这实际上就是我们通常所说的联系实际开展阅读。其主要包括两个方面的含义：一是在日常的阅读中注意将阅读到的内容有意识地与自己的实际生活进行关联性思考；二是根据自己的现实或者潜在需求，有针对性地选择书籍和文章进行阅读。由于阅读关联了实际生活和实际需求，也为阅读输出奠定了良好的基础。

主题阅读

在笔者的阅读思维体系中，主题阅读是个非常重要、非常关键的概念和实践性命题，也正是如此，在笔者有关阅读的探讨和交流中，总会时不时出现主题阅读的影子。

所谓主题阅读，就是围绕某个主题阅读相关系列书籍和资料的一种阅读方式，也是笔者极力主张的一种主流阅读方式。但有些学者将主题阅读作为阅读四个层次（基础阅读、检视阅读、分析阅读、主题阅读）中的一个层次予以看待，笔者是不太赞同的。因为在笔者看来，主题阅读的本质是一种阅读方式，不宜作为阅读的某个层次来界定，即使是将其作为最高层次。

在笔者看来，同其他随机、随意的无主题阅读方式相比较，主题阅读有着其鲜明的特点和独特的阅读实践价值。首先，主题阅读具有主动性特点，即阅读行为是由阅读主体自我主动发起和实施的、有计划的阅读，不是被动接受的；其次，主题阅读具有指向性特点，即阅读的对象和内容是有一定的针对性的，不是漫无目的的随意性阅读；最后，主题阅读具有开放性特点，尽管阅读的内容具有一定的指向性，但并不局限于某个方面，观点相同也好，观点相反也好，内涵也好，外延也好，只要是与主题有关的，均属阅读的范围。此外，主题阅读还是弥补和丰富碎片化阅读效果、实现浅阅读与深阅读有机切换和互生共促的有效途径，因为在碎片化阅读和浅阅读的过程中，一旦我们碰上想继续了解和探究的知识、概念、观点和话题，我们可随时按照主题阅读的方式进行延伸阅读和深度阅读，这种方法在我们的阅读实践中会经常碰到。

说到主题阅读的重要性和独特价值，这里还想特别强调的一点就是，主题阅读的方式在中小学生基于阅读的教育培养中具有十分重要的意义，因为除了通过阅读让他们获取基本的知识外，如果能够有意识地设定诸如爱、责任、感恩、幸福等主题，然后组织和引导他们进行主题阅读和分享，这对于他们的人格养成将大有裨益。关于这一点，我们接下来还会进行深入探讨。

既然主题阅读如此重要，那么，我们应该如何开展主题阅读呢？笔者认为，主题阅读可以遵循以下五个步骤来开展。

第一步，确定阅读主题。

这个主题视个体的需求而定，既可以是自己学习工作生活中急需了解和知道的，也可以是自己感兴趣的；既可以是自己重点关注和研究的，也可以是自己最近感到疑惑和不解的；既可以是比较具体的，也可以是比较抽象的。一般来讲，同一个时间段内，阅读的主题不宜过多，一个最好。

第二步，划定基本的阅读范围和对象。

这个好理解，就是根据事先确定的主题，通过查阅图书目录、知识索引和他人指导建议，划定准备阅读的资料，这个资料既可以是完整的书籍，也可以是系列文章；既可以是纸质的，也可以是电子的。在阅读对象划定时，有两点需要注意：一是确定的阅读资料数量要适中，既不可以太少，也不可以太多，少了不利于知识信息获取的全面性，多了容易产生厌烦疲劳感。以一个一般性的研究主题为例，如果是整本书的话，建议一个主题在5~8本为宜；如果是系列文章的话，可以按照10篇论文折算成一本书的标准来确定。当然，如果是一般了解性的主题，数量会更少一些。二是阅读的对象和内容并不是一成不变的，在后续的阅读过程中可能会进一步完善和补充。

第三步，实施阅读。

就是对初步划定的阅读对象进行阅读的过程，这个过程也是主题阅读中最为关键的阶段。在这个过程中，有三个方面的要点要把握好：一是精读和略读的合理安排。对于划定的阅读对象，我们不可能实行无差别的阅读，需要精读的我们就精读，可以略读的就略读，在实践中建议按照三七开或者四六开的方式来安排精读和略读数量。二是保持中立的态度。就是说对你所阅读的内容不能有先入为主的观点和倾向，而是要先以兼收并蓄的态度广泛吸纳。三是边阅读边思考。要在广泛吸纳、对比分析的基础上，逐步提炼和形成自己的知识和观点。需要注意的是，在主题阅读实施阶段，实时做好阅读笔记是有必要的。

第四步，解读，也称二次主题阅读。

就是在完成预定书籍资料阅读、初步形成自己的知识和观点的基础上，针对更为完善的、深入的、具体的主题进行二次主题阅读，其基本步骤与上述三个步骤大体一致。同初始主题相比较，这个阶段的主题蕴含了更多的自我内涵授予。这个步骤并不是每次主题阅读时都会实施的，有时候实施了但过程痕迹也并不明显，但笔者认为很重要，因为这是个再了解、再深化和再确认印证的过程。

第五步，认知体系和思维框架的集成。

这个似乎有点大而空，但对于比较正式的探索性、研究性主题阅读，却是必不可少和十分重要的一个步骤。即在完成上述步骤后，对最后形成的概念知识、体会观点进行去伪存真和系统集成，形成自己的认知体系和思维框架。

基于中小学生人格养成的主题阅读实践

前面我们特别提到过：主题阅读在中小学生的人格养成中具有十分重要的作用，也是一种切实可行、行之有效的方式和途径。这里，我们再重点而具体地谈谈，尤其是关于如何操作的问题。

说到人格养成，我们首先得清楚什么是人格。按照"科普中国"科学百科词条的解释，人格（personality）是指个体在对人、对事、对己等方面的社会适应中行为上的内部倾向性和心理特征，表现为能力、气质、性格、需要、动机、兴趣、理想、价值观和体质等方面的整合，是具有动力一致性和连续性的自我，是个体在社会化过程中形成的独特的身心组织。其实，人格一词在生活中有多种含义和理解，既有道德上的人格，也有法律上的人格；既有文学意义上的人格，也有心理学范畴的人格。我们这里讨论的主要是道德上的人格，即一个人的品德和操守。

还有个问题需要说明下的是：为什么要突出在中小学阶段开展基于人格培养的主题阅读？这是因为，人格是具有一定稳定性的，一个人的人格特质一旦稳定下来再要改变是比较难的，而中小学阶段恰恰又是一个人人格养成的关键阶段，而且这个阶段的人也基本具备了主题阅读所需要的一些基础知识。

那么，在具体的学校教育和家庭教育中，我们面向中小学生应该如何具体地组织开展主题阅读呢？这也是笔者想重点探讨的问题。

在具体的操作方法上，笔者将其总结为"五步多轮法"。

第一步：主题呈现与解释。

选取与人格内涵有关的主题词，并将其基本含义予以讲解，让孩子们对相关主题词有个基本的了解和认知。这些人格主题词可以包括但不限于爱、责任、担当、诚信、正义、大度、感恩、幸福等。

第二步：书本（文章）推荐与阅读。

围绕选定的人格主题词，推荐若干书本和文章，组织和推动孩子们进行阅读。其中，1个主题推荐的书原则上不超过3本，如果是文章，原则上应在5篇以上。

第三步：交流分享与点评。

孩子们把推荐的书或文章阅读以后，老师或家长组织孩子们开展相关主题阅读的交流分享，让孩子们围绕阅读后的感受就相关主题谈谈自己的心得，同时老师或家长进行适当的点评。

第四步：情景体验。

结合相关人格主题词和阅读感悟，组织开展相关的生活体验，这种体验最好是现实中的情景体验，无法开展现实情景体验的，也可以采取模拟情景体验。

第五步：二次交流与点评。

相关情景体验后，组织孩子们结合情景体验的感受和先前的阅读体会，就相关主题再次进行分享交流，老师和家长进行再次点评。

　　按照上述步骤与方法，每次围绕 1~2 个主题（最好是 1 个），通过多轮次的组织实施，逐步累积形成 10 个左右人格主题词的阅读与体验，久而久之，就会有效促进中小学生良好人格的形成。

亲子阅读

亲子阅读，是家长和孩子共同体验阅读生活、适时分享阅读感受、促进共同成长的过程。亲子阅读是家庭阅读和亲子活动的重要组成部分，也被视为孩子早期教育的重要方式，正越来越受到广大民众特别是广大年轻父母的重视。而从全民阅读的角度来看，亲子阅读也是促进全民阅读的重要途径之一。德国的一项研究就表明，假设父母双方都读书，全国人口中爱读书的比率会上升到50%以上；假设只有一方爱读书，总人口爱读书的比例只有25%；假设双方都不喜欢读书，全民的阅读比率大约只有9%。

中国新闻出版研究院发布的调查结果显示，2018年，我国0-8周岁儿童家庭中，平时有陪孩子读书习惯的家庭已占68.7%。尽管从表面上的数据和趋势上看，情况似乎还不错，但经过与众多有过亲子阅读经历的父母如深入交流后，笔者却发现实际情况并不太乐观。认识的偏颇，方法的欠缺，效果的不尽如人意，以及在不同家庭之间特别是城市家庭和农村家庭之间存在的不平衡，都在提醒我们，有效开展亲子阅读，我们要补的课、要做的功课还很多。

想补充说明一点的是，对于什么是亲子阅读，许多专家学者都将其定义为家长与孩子"同时且在一起"的共读和陪读，但笔者对此是持有不同观点的。因为共读肯定是亲子阅读的核心内涵，没有共读自然不成其为亲子阅读，但共读并不必然要求阅读的过程一定是在一起的。笔者看来，只要是家长与孩子约定了的、在某个时间段内都来阅读且会在合适的时候交流阅读心得的阅读过程，即便阅读时不在一起，也应视为亲子阅读，笔者将其定义为亲子"约"读。关于这个话题，我们后面还会专门谈到。这里，我们主要谈论的还是家长和孩子"同时且在一起"的一般性的亲子阅读情形。

有效开展亲子阅读，首先必须对亲子阅读有正确的认识。

有些家长认为亲子阅读"就是帮助孩子读书识字"。很显然，这个认识太过狭隘。亲子阅读当然可以帮助孩子学习识字和提高阅读能力，但除此之外，亲子阅读至少还包括三个方面的积极意义和丰富内涵：一是亲子阅读可以通过早期阅读的引导与实践，激发和培养孩子的阅读兴趣。这一点对于孩子的未来至关重要，所以有人说"给孩子什么都不如给他一个爱好阅读的习惯"。二是亲子阅读可以培养孩子的想象能力和思维能力。很多幼儿绘本、童书和其他适合青少年阅读的书籍，无论是在内容的时空布局与想象拓展上，还是在主题的设计与牵引上，都能很好地激发孩子的想象空间，拓展其思维空间，如大家非常熟悉的法国作家安托万·德·圣-埃克苏佩里所写的著名儿童文学短篇小说《小王子》就讲述了小王子从自己星球出发前往地球的过程中所经历的各种历险的故事，作者还以小王子的孩子式的眼光，透视出了荒唐的成人世界。三是亲子阅读可以培养良好的亲子关系，增进家长和孩子之间的情感，促进孩子人格养成。这一点万万不可忽视，亲子阅读，绝不是简单的"家长帮助甚至监督孩子阅读"，而是家长和孩子通过阅读这种形式和途径，共度、共享和谐而亲近的亲子生活，这无论是对于孩子人格的养成，还是家长的人格彰显都是非常有意义的。

也有些家长认为亲子阅读"是妈妈和孩子之间的阅读"。这个可能与实践中亲子阅读更多地发生在妈妈和孩子之间有关。其实，亲子阅读既可以发生在妈妈和孩子之间，也可以发生在爸爸与孩子之间，甚至爷爷奶奶、外公外婆和孩子之间，而且不同的亲子阅读组成有不同的特点、优势和效果。笔者曾经对一些经常和爸爸一起阅读的小孩做过访谈，结果发现，与那些经常和妈妈在一起阅读的孩子相比较，这些孩子对于阅读的喜爱以及由此带来的开朗、阳光和坚定似乎更为突出一些。

还有些家长认为"亲子阅读只适合孩子的童年时代甚至幼年时代"。这个观点也有些偏颇。尽管有研究表明 5 岁左右是孩子阅读的敏感期，这个时期开展亲子阅读最能激发孩子的阅读兴趣，但这并不能否定其他时间段进行亲子阅读的重要性和必要性。不同的家庭有不同的实际情况，不同的人有不同的情况，在笔者看来，只要你有心，只要你愿意去做，哪怕是初中阶段甚至是高中阶段，亲子阅读仍然是一个不错的选择，当然在方式方法上可能会不一样。

其次，有效开展亲子阅读，必须把握亲子阅读活动开展的一些具体要点和注意事项，这将直接影响亲子阅读的效果。

一是要把握一个重要的前提。

那就是不能给孩子带来心理上的压力，不能让亲子阅读成为孩子的一种负担，而是要让孩子在亲子阅读中感受到轻松和快乐，就如何和孩子进行一场别开生面的旅行和游戏一样。如果亲子阅读最后演化成了一种孩子们比较反感和疲惫的学习任务甚至家庭作业的话，那就遗憾了。事实上，我们后面很多要点的论述也是与这个前提密切相关的。

二是要有一个温馨宁静的空间和氛围。

从理论上讲，亲子阅读在任何地方都可以开展，但从环境和空间上讲一定要是温馨、宁静和比较舒适的，要能营造一定的亲子氛围。如果亲子阅读在家里进行的话（大多数也是发生在家里），阅读的空间倒不一定非得有多大，甚至不一定有专门的书房，卧室也是个不错的选择。但无论怎样，笔者赞成最好有个供孩子使用的书橱，可以放在卧室、书房，置于桌上、床头也行，对于孩子来讲，那就是他心理暗示的专属空间。

三是要选择合适的时间。

首先是时间点的选择，一般来说，亲子阅读的时间点最好相对固定，这样有利于孩子形成心理上的期待，也有利于孩子和家长共同养成习惯和成为一种生活方式，而从绝大多数家庭的实践结果来看，睡前是亲子阅读比较合适的时间点，因为这个时间点往往是一个家庭最为温馨和宁静的时刻。再就是时长的问题，这个确实要因人而异，一般来说，对于3-6岁的孩子，每天亲子阅读的时间在20分钟左右为宜，年龄越大一些，可以适当地增长一些，其实多长的时间并不重要，关键在于坚持，通过坚持养成习惯后，时长就自然不是问题了。

四是要平等投入。

所谓平等，就是亲子阅读时，家长不能把自己当成"监工"，一味地去监督孩子阅读，甚至情绪化地大声呵斥，而是要把亲子阅读当成自己和孩子共同的生活，倍加珍惜并一起度过。所谓投入，就是亲子阅读时，家长千万不能三心二意，一会儿去搞个卫生，一会儿去洗个澡，更不能自顾自地玩手机，应付式的、完成任务式的，要知道孩子都是非常敏感的，你的心不在焉，你的应付了事，换来的一定是他的"无聊和无趣"与"索然寡味"。

五是要采取合适的阅读方式。

这个可以根据实际情况来确定。既可以是朗读，也可以是听读；既可以是家长读，也可以是孩子读，或者轮流读；既可以是原文逐字逐句地读，也可以是讲解式地读。

六是要参与交流。

这个是亲子阅读的根本所在，没有交流就谈不上亲子阅读。当然交流的方式可以不拘一格，可以在阅读中实时穿插交流，也可以阅读一段或一篇文章后再交流；可以各自谈体会，也可以讨论。但特别要注意一点的是，在交流阅读心得时，家长切忌把自己的观点和体会灌输甚至强加于孩子，即便孩子的想法是错误的，也要以引导和探讨的方式去对待。

七是要选择合适的书籍。

这个是重点所在，也是难点所在。说是重点，是因为选不好书的话，不仅效果达不到，甚至难以为继。说是难点，是因为每个家长和孩子的年龄层次、个体特点不一样，适合你的，不一定适合他。尽管如此，在亲子阅读书籍的选择上，笔者觉得总体上应该还是要把握以下五条原则。

一是作为家长，既要有自己的倾向性，又不能完全凭着自己的喜好和判断来选书；

二是既要立足于一定的目的性和引导性，但又不能忽视必要的趣味性和故事性来选书；

三是既要考虑孩子的兴趣，又不能完全为了满足孩子的欲望和要求来选书；

四是既要考虑孩子所处的年龄特点，又要考虑孩子的历史积累、实际阅读能力和个人喜好；

五是既可以是纸质类的书籍，也可以是电子类的；既可以是图画类、歌谣类、故事类的书籍，也可以是童话类、科普类、小说类的书籍。

具体的书籍，大家可以参考由教育部门和比较权威的社会机构推荐的相关书目，如由中国图书馆学会阅读推广委员会推荐书目专业委员会发布的亲子阅读推荐书目 100 本（套）等。笔者一直认为，在纷繁复杂的各类荐书中，相比较而言，亲子阅读类的书目推荐参考性还算比较强的。这里，笔者也象征性地给大家推荐一些，如适合 0—3 岁阅读的《婴儿游戏绘本》（全 10 册）、适合 0—6 岁阅读的《童谣三百首》、适合 3—6 岁阅读的《大卫，不可以》系列和《巴巴爸爸》系列、适合 3—10 岁阅读的《父与子》和《环球旅行》、适合 4—8 岁阅读的《数学小子》丛书、适合 4—12 岁阅读的《看！身体怎么说话》和《一千零一夜》、适合 5—12 岁的《木偶奇遇记》、适合 7—12 岁的《写给孩子的哲学启蒙书》、适合 8—14 岁的《有趣的科学》和《人类文明的故事》、适合 14 岁以上阅读的《小王子》等等。

亲子"约"读

前面我们特地提到过，亲子阅读除了包括一般意义上的家长和孩子同时同地的共同阅读外，也应包括家长和孩子不同的甚至不同时的约定式的共同阅读，笔者称其为亲子"约"读。这个概念也是笔者在国内外首次提出的。也许从阅读形态上来看，有人觉得应该把亲子"约"读视为与亲子阅读并行的一种阅读形态，但笔者还是更愿意将其视为亲子阅读的一种，因为这样会使亲子阅读从内涵到外延都显得更加完整。

所谓亲子"约"读，就是指家长和孩子约定在某个时间段内（几天或者几周不等）都去阅读某本书或者某几本书，但具体的阅读过程可能双方既不在一起，也不完全同步。阅读过程中或者阅读完成后双方交流阅读心得，同样的，阅读心得的交流可能是面对面的，也可能是通过电话、邮件和微信等方式远程进行的。

亲子"约"读同一般意义上的亲子阅读相比较，既有其相同之处，又有其不同之处。相同之处在于，二者均是家长和孩子围绕某本书在某个时间段内进行的阅读，而且要适时地进行阅读心得交流，这也是亲子阅读所必备的两个基本条件。不同之处在于，一般意义上的亲子阅读一定是家长和孩子面对面的、完全同步的阅读和交流，而亲子"约"读则不一定，是一种约定式的阅读，具体的阅读过程可以是分开的。

在实践上，亲子"约"读的适用范围与传统意义上的亲子阅读也有所不同。一般来说，亲子"约"读更适合以下两种情形：一是孩子年龄相对比较大的情形，这种情形下，孩子从自身阅读能力上看，已经具备了和家长分开阅读的基础和条件；二是家长和孩子因为客观条件限制平时无法在一起的情形，例如农村留守儿童，或者父母在异地工作的城市儿童。这两种情形的亲子"约"读不仅横向拓展了亲子阅读的范围和可能性、纵向拉长了亲子阅读的适用年龄，也能起到较好的亲子阅读效果。

在亲子"约"读的具体开展上，并不复杂。首先是约定和商定好要读的书和大致阅读完成的时间。然后是根据各自的时间安排进行阅读，如果时间和条件允许，阅读的过程中最好通过各种灵活的方式交流下阅读的进展情况和一些适时心得。双方阅读完成书本后，再进行一次比较完整和系统的面对面的或者远程的交流和探讨。

在我们曾经的农村阅读推广过程中，有一个亲子"约"读的案例一直让笔者记忆犹新。父亲是位初中毕业后在广东惠州电子元件厂和妻子一起打工的年轻人，孩子是位和爷爷奶奶在一起在乡下读书的小学生，从小孩三年级开始起，父亲每年春节前都会买两套完全一样的书，一套春节回家时郑重其事地交给孩子引导其阅读，一套自己留着在打工的时候看，几乎每周这位父亲至少要通过电话和孩子交流双方阅读的情况和感受，交流的时候，父亲还会把书本中看到和想到的东西与自己在外面看到的东西结合起来和孩子一起说，久而久之，父亲和孩子都养成了爱好阅读的习惯，孩子在学习上也行阅读，不仅浪费时间，还有可能被一些低劣甚至庸俗的内容所影响、所蛊惑。至于怎么选择性地进行阅读，前面我们已进行过专门讨论。但想强调的一点是，无论怎么选择，阅读经典特别是阅读经典原著都应该成为我们选项中必不可少的一部分。

再次，要在阅读中思考。

这点非常非常关键。俗话说"尽信书不如无书"，无论读什么书，我们都要善于思考和敢于质疑，不能迷信和盲从。因为即便是再经典的书籍、再权威的观点，由于著者和时代的局限性，都可能有其不足甚至谬误之处。举个大家非常熟悉的例子吧。蜜蜂发音靠的是翅膀振动，这是个曾被列入我国小学教材的生物学"常识"，但后来被一位名叫聂利的 12 岁小学生给推翻了，其实，聂利推翻这个权威结论的方法非常简单，在并不复杂的实验中，她发现被剪下翅膀或者翅膀不能振动了的蜜蜂仍然嗡嗡叫个不停，于是用放大镜认真观察，找到了蜜蜂的发声器官。这名小学生之所以能推翻权威，关键在于其善于发现和独立思考的能力，而不是简单地迷信书本上的一切。所以，我们既要尊重权威也要敢于质疑权威，既要善于从书本上学习，又不能迷信书本。当然，我们不能为了质疑而质疑，更不能为了标新立异而去思考和质疑，在学习中思考，在思考中启发，在启发中完善和创新，才是我们应有的态度。

最后，阅读要联系实际。

这里所说的联系实际包括两个方面的内容。一是说要联系实际去理解书本上的内容。书中所提的知识，书中所言的道理，只有在现实中才能得到更好的理解和感悟，所以宋代诗人陆游说"纸上得来终觉浅，绝知此事要躬行"。二是说要学以致用、知行合一。墨子表现得非常不错。时间一晃 10 年过去了，孩子也顺利地考上了大学……本来，阅读的故事也就该结束了，但事实上新的故事才刚刚开始。就在父亲因为孩子知识的增长和视野的开阔而感到无法再买书和孩子"约"读时，已经到大城市读大学的孩子却开始主动地定期买书寄给仍在惠州打工的父亲，把父子"约"读的美好故事带入了精彩的下个篇章，也给我们带来了无限的感慨和感动。

善做善用读书笔记

有的人读书爱做笔记，有的人读书很少做笔记，这与个人的学习、工作特点有关，也与个人的习惯有关。尽管做读书笔记谈不上什么高深的学问，但这里还是想和大家说说，也算是对读书做笔记的再一次倡导。

读书做笔记就是把读书中读到的、想到的内容有选择地记录下来的行为，是提高阅读专注度、提升阅读质量的重要方法，也是阅读训练的重要途径。

读书做笔记，不仅可以积累知识、强化记忆，便于日后查找，也可以深化理解、训练思维，提高分析创造的能力。读完一本书后，做没做笔记，效果是完全不一样的。这让笔者想起了一位朋友关于"车不刮擦不是自己的"的"怪论"，他说一个人买车后，如果在以后的使用中从来没有被刮擦和修理过（当然是比较轻的刮擦），即便他再怎么爱惜那车，与那车都是有距离感的，关系都是不亲密的。尽管是玩笑话，但想想还真有些道理。其实读书也一样，真正要把一本书读成自己的，不做些记录，不留下些痕迹，也是不行的。

从广义来看，读书做笔记，"记"的内容主要在于四个方面。一是标识，也就是做记号，把那些重点、要点和疑惑的内容通过横线、圈圈和问号、感叹号等标出来；二是摘录，就是把那些精彩的、重要的内容摘录下来；三是点评，就是对读到的东西进行点评和总结；四是拓展性标注，就是把阅读中引发的其他关联性拓展性思考记录下来。除了这四个方面的内容外，现在的读书笔记，还流行做思维导图笔记，就是通过思维导图，把书的内容和框架结构进行全面梳理和呈现，这种思维导图笔记本质上还是属于总结点评的范畴。

做读书笔记，做在哪里呢？或者说做在哪里更好呢？这是我们在阅读实践中经常会碰到的问题。笔者以为主要有三种方式。

一是在书本上标注。就是把要标注的东西直接标注在书本上。这是最直接、印记最深也最便于后续查阅的一种笔记方式，也是笔者最喜欢、感觉最好的读书笔记方式。但这种方式也有两个方面的明显缺陷，首先是我们阅读的书可能是图书馆和他人那里借来的，不能也不适合在上面做标记；其次是书本上的空白毕竟是有限的，所记录的内容也有限。

二是在他处记录。就是把读书笔记做在另外的笔记本、卡片和电子工具上。这种方式尽管不如在书本上标注来得直接、直观，但记录内容的多少不受限制，既可以是零散的摘录和注解，也可以是成段甚至成篇的读后感。

三是综合批注。就是把在书本上标注和在他处记录两种方式综合起来运用，能在书本上标注的就在书本上标注，不能或者无法在书本上记录的就在它处记录，包括在书本中夹纸条。

随着各类记录、学习工具的发展，更为灵活、便捷的读书笔记方式也将逐渐出现，包括声音记录、云存储、同步共享等等。但无论采用什么样的方式方法，关于读书笔记，有三点是要予以说明或者牢牢把握的。

一是不是所有的阅读都是需要做笔记的。这个好理解，像那些纯消遣性的阅读一般是不需做读书笔记的。

二是读书笔记绝不是简单的标注摘录和收集汇总，一定要有思考的参与。这也是做读书笔记的一个重要价值所在。因为做笔记的过程既是个累积知识、消化知识的过程，也是带动你思维、启发你思考、促进你创造的过程，是一种输出也是一种输入。没有思考的参与，做读书笔记就成了简单的机械运动，书也永远读不成你自己的。

三是要善用读书笔记。这点也是我们很多人容易忽视的一点。很多人做完读书笔记后，就束之高阁甚至慢慢丢失了，从来不予理会，这确实是件非常遗憾的事情。其实，即使你没有非常现实的需要，伴随着后续的阅读学习和生活工作经历，偶尔再回头看看那些读书笔记，也是别有一番感悟和收获的。

注重读写结合

谈阅读自然少不了写作的话题。阅读与写作就如同一对孪生兄弟一样，密切联系，如影相随。

阅读是写作的起点，也是写作的基础。夸张点说，没有阅读就没有写作。阅读书本如此，阅读人生、阅读世界亦如此。但我们这里所说的主要还是阅读书本。

唐朝诗人杜甫在《奉赠韦左丞丈二十二韵》中说"读书破万卷，下笔如有神"。叶圣陶先生在《叶圣陶语文教育论集》中说"阅读是吸收，写作是倾吐，倾吐能否合乎于法度，显然与吸收有密切的联系"。诺贝尔文学奖获得者莫言说"阅读是写作最好的老师"。著名作家、国际安徒生奖得主曹文轩则把阅读与写作的关系比喻为弓和箭的关系，认为阅读是写作的一个前提，写作是阅读的一个结果，要把箭射出去得有弓，要把箭射到很远很远的地方去，这把弓得很强劲。这些都形象生动地说明了阅读对于写作的极端重要性。

具体来说，阅读之于写作的重要性，主要有三个方面。一是写作需要通过阅读来进行前提性的积累，包括知识的获取、素材的累积和信息的更新等，这就如同建房子一样，没有水泥钢材石料这些基础性的东西，房子就没法建。二是阅读可以激发写作的欲望和灵感。很多人可能都会有这样的经历：一本好书，一段好文，读着读着就会产生一种期待已久的创作灵感和创作冲动，之前在创作中的困惑会突然变得精神和清晰起来。三是阅读可以为写作提供很好的模仿。这种模仿既有单篇单本的有意识的模仿，也有大规模积累之后的不自觉模仿；既有语言表达方面的模仿，也有框架体系方面的模仿。久而久之，就会逐步形成自己的特点和风格。莫言就曾坦言，他早期的创作就是从模仿开始的。

其实，除了阅读对于写作的基础性作用之外，写作对阅读也有很强的促进作用，但这点往往被很多人所忽视。

首先，通过写作可以检视和巩固阅读的效果与质量。喜欢写读书笔记的人对此可能体会得更深刻一些。读书笔记的写作过程实际上是一个复盘、总结甚至再输出的过程，这个过程会让你对之前的阅读质量和效果有个清晰的认识与感知，并巩固和促进你之后的阅读再输入。

其次，写作可以倒逼阅读。在写作实践中，无论是主动写作还是被动写作，也无论是写作前的构思准备，还是写作过程的推进，往往都难以做到得心应手、一气呵成，有时候甚至会出现总是动不了笔或者"卡住了"的现象，这就需要我们事先或者在写作的过程中停下来，有针对性地去看看书、补补火。这种情形，在专业论文的写作中容易出现，在文学创作中也会遇到。尽管有点不得已而为之的味道，但在事实上也倒逼和促进了阅读。

既然读写不分家，那么实践中，我们就应该注重读写的结合，在读写结合中体验不一样的阅读生活和写作生活。这里，也给大家提供三种读写结合的方式和途径。

养成写读书笔记的习惯。关于读书笔记的话题，我们此前有过专门的论述，在此不再赘述。

写作前有意识地开展主题阅读。围绕自己要写作的某个主题，如母爱、人性、责任等，开展系列主题阅读，以便丰富和强化自己对某一主题的认知、体验与感悟。正如前面所述，这既有利于写作，也可以倒逼阅读。

基于阅读开展"三写"。这"三写"是指仿写、改写和续写。具体来说，就是在阅读的基础上，对某本书、某篇文章甚至某段话的写作进行模仿、改动和拓展。事实上，这也是写作训练的几种方法。无论是仿写也好，改写也好，续写也好，一般都会结合写作者自身的经历和情感，但虚构性的仿写、改写和续写也是存在的。

感受朗读的奇妙之处

朗读，就是大声地阅读。对于大多数人而言，有关朗读的记忆可能更多地停留在自己的小学阶段，那时候，为了完成阅读任务和背诵课文，几乎每天都要拿起课本进行朗读。可以说朗读是我们每个人阅读的起点。其实，不仅仅是孩子们需要朗读，成人阅读也少不了朗读。我国宋代大理学家朱熹就非常主张朗读，他说：凡读书，须要读得字字响亮有力，不可误一字，不可牵强暗记，要"逐句玩味""反复精详""诵之宜舒缓不迫，字字分明"。

从阅读目的和实践体验而言，我们大致可以将朗读分为两种类型。

一是为了加深内容记忆而进行的朗读。如我们小时候为了把课文背下来而进行的朗读，就属于这一种。这种朗读的关键点在于全神贯注、逐字逐句甚至反复地进行大声阅读，如此可以让我们集中精力、排除干扰、加深记忆，把该记的东西记下来。

二是出于良好的审美体验追求而进行的朗读。这种朗读也是我们这里要关注的重点所在。这种情形的朗读一般是主动开展的，在大声朗读过程中，我们不仅会集中精力地去把握、理解文本内容，而且还会投入自己的情感，设身处地，感同身受，寓情于景，达到一种深度的审美体验。笔者一直认为，对于一个阅读者而言，如果缺少了这种情形的朗读体验的话，不能不说是一种遗憾。这就如同一位歌者一样，如果一直都是在心里默唱和小声哼唱，而从未放声大唱过一样，自然也是一种遗憾。所以笔者一直倡导和发动大家在享受阅读生活中，一定要有意识地去体验这种朗读式的阅读。试想想，在一个自由的空间里，或者你的书房、你的卧室，或者是广阔的原野上、森林里，你独自一人，抑或与你的知己读友，高声念道"路漫漫其修远兮，吾将上下而求索……"那将是怎样的心境和体验！

在笔者与女儿的亲子阅读经历中，也真切地体会过朗读这种阅读方式的特别和妙不可言。记得在和她共读《爱的教育》这本经典儿童读物时，里面有篇关于小孩和父亲共同面对生活艰难的文章，开始和她一起小声哼读了一遍，两人都比较平静，读第二遍时，我和她一起采用了大声朗读、入情入境的方式，结果二人不知不觉中都泪流满面了……

需要注意的是，作为阅读方式的一种，朗读与演讲尽管有相似之处，但还是有本质的不同的，二者是不能混同的。朗读更多的是阅读别人的东西，而且一般是为自己而读（领读、共读等除外），侧重于审美的自我体验。而演讲则不同，所讲的内容更多地与自己有关甚至本身就是自己写的，一般是讲给别人听，侧重的是他人的审美体验。但在一些电视节目中，往往把朗读和演讲混为一谈，在定位和表现上出现混乱，多少也影响了节目的效果。这点是要注意的。

独享阅读之美

阅读分享与交流，是我们不时会谈到的话题。后面我们还会专门探讨读书分享会的组织问题。但阅读一定要分享和交流吗？这是个比较有趣的话题。

笔者的观点是，阅读未必都要和他人分享交流。从审美体验来讲，有时候，独自享受阅读，也是一种独特而美好的体验，值得我们拥有。

这种美是一种恬静之美。试想想，在纷扰和疲惫的间隙，或者是在宁静的夜晚，我们随手拿起那些精美的书籍和文章，或小说，或散文，或历史，无论是独自阅读的过程，还是读后自我的细细品味，都是一种难得的闲适之美、惬意之美和恬静之美。这种美，是一种无须与人分享的独特之美。

这种美犹如恋爱之美。我们时常说，阅读是一种对话，或者与作者的对话，或者与书中人物的对话。这种对话，有时候就如同谈恋爱一样，两人之间什么都可以说，什么都可以想，无须做任何保留和掩饰。这种激情的、浪漫的"二人世界"之美，是一种无须"第三者"来打扰和分享的独特之美。

这种独特之美，也让我们想起观看足球赛经历的境界之美。读大学那会儿，但凡碰到喜欢的足球赛，无论是意甲、英超，还是中甲（那时还没中超），我们总要吆喝一大群人去看，如果是一个人看就觉得特没意思，看完后回到寝室，还要和大伙儿就比赛再热火朝天地交流甚至争吵半天。但随着年岁的增长和心境的变化，现在再看电视转播足球赛，我们可能已经不大喜欢甚至不太愿意一大群人热热闹闹地看了，而是在电视机前独自来欣赏，那种欣赏的过程和欣赏之后的回味与体会，别有一番滋味，笔者将其定义为境界之美。

所以说，独自享受阅读，有时候也是一种独特而美好的体验。

当然，我们这里谈论独自享受阅读之美，绝不是要否认阅读分享和交流的价值与意义。因为，无论是从总体阅读氛围的营造和阅读推广来看，还是从个人思维的启发和拓展来看，阅读分享和交流在很多时候都是非常有意义的，也是很有必要的。

听书切莫"错位"

　　听书是与看书相对应的一种广义的阅读方式，本质上属于有声阅读的范畴。随着各类信息平台、技术手段的发展和人们工作生活形态的变化，基于现代信息技术的听书正越来越受到广大民众的欢迎，甚至逐步成为人们一种新的阅读习惯。中国新闻出版研究院发布的第17次全国国民阅读调查报告显示，2019年我国有31.2%的国民有听书的习惯，成年人和未成年人的听书率较上年分别提高了4.3和8.5个百分点。

　　与传统意义的看书相比较，听书更加不受时间和空间的约束，人们可以一边干其他的事情一边听书。笔者曾经对近百位有过听书经历的人进行过访谈，其中有超过70%的人认为他们之所以喜欢听书，是因为"可以一边跑步、一边做家务而一边听书"。此外，通过聆听专业化、声情并茂的阅读与讲述，可以更具情境化地感受、体验阅读之美和语音传情之美。

　　尽管听书有其鲜明的特点和长处，但特别需要提醒的是，听书切莫"错位"，因为不是什么书都适合听的，也不是什么时候都适合听书的，只有在合适的时候选择合适的书去听才是我们应有的态度和选择。总体上看，听书比较适合小说、散文等消遣类的浅阅读，不大适合专业类的深度阅读，例如，亚里士多德的《尼各马可伦理学》、罗尔斯的《正义论》和亚当·斯密的《国富论》，就显然不适合去听。当然，对于一些经典好书特别是历史类、传记类的经典好书的讲解，也是比较适合去听的，如有些关于《资治通鉴》《史记》等书的讲解，听起来就比较好。此外，我们也不要什么时候都采取听书的方式来阅读，如果时间允许，捧起书本，感受书香，沉浸其中，自然是非常必要和有意义的。

当然，随着信息技术和人工智能的不断发展，听书的内涵和方式也会发生许多新的变化，如听书过程中重点内容的随机获取、特定概念的即时解读、人书之间的交流互动等新的阅读形态也正在或即将成为现实。

谨防成为"书呆子"

关于阅读的好处，我们说了很多很多，但需要注意的是，并不是所有的阅读都是能够给我们带来正面影响的，如果态度不当、选择不当和方法不当，读书也可能会让我们成为"书呆子"，甚至成为书本的奴隶。那么，我们应该如何防止这种结果的出现呢？

首先，要广泛阅读。

阅读的范围越广，阅读的量越大，对比得越多，就越有可能突破认知的单一和思维的狭隘；相反，如果阅读的领域太过单一，阅读的内容太少，就越有可能形成思维的定式和认知的简单固化。在我们关于阅读状况的调查中就发现，有些人非常爱好阅读，阅读量也很大，但阅读的内容总是局限于甚至沉溺于某个方面、某种观点，无视甚至排斥其他方面的内容，久而久之，就形成了思想认知的狭隘、固执甚至是偏执。这种极端现象尤其是要引起我们的注意的。

其次，要选择性阅读。

我们提倡广泛阅读，但反对自始而终不加选择的一顿乱读。一方面，人的时间和精力总是有限的，我们不可能读完天下所有的书，根据自己的兴趣和需要进行选择性阅读，是必然的要求。另一方面，社会上各种书籍资料纷繁复杂、良莠不齐，如果我们不加选择地进

说"士虽有学，而行为本焉"，思想史专家蔡尚思在《中国思想研究法》中说"学包括知行二者，知又在于行，不能实行不算真知，知行一致才称为一个完整的学者"。当然，我们不能苛求对所有书本上的知识和道理都通过现实去"践悟"，都通过实践去检验，也不能苛求每个"读者"都做知行合一的"圣人"，但在可能的条件和范围内，将书本内容与现实实践结合起来理应成为我们阅读的基本要求。

如果我们在阅读实践中能够尽力做到以上几点，我们成为"书呆子"和书本奴隶的概率会低很多。

人人可用的阅读疗法

阅读疗法是笔者非常感兴趣的一个理论课题和实践话题，笔者甚至一度想专门写一本有关阅读疗法的著作。这里，笔者想从宏观上和人家谈谈这个问题，既算一次简单的科普，也算一次实践的推广。

什么是阅读疗法

如果留意的话，我们经常会在文献资料上看到诸如读书疗愈、书目疗法、图书医疗法、图书治疗法、文献治疗、信息疗法等说法，这些都可以理解为阅读疗法的范畴。

什么是阅读疗法？不同人有不同的看法，不同的学者也有不同的定义。但综合来看，笔者还是比较倾向于在阅读疗法研究上颇有造诣的北京大学王波教授的观点，他认为阅读疗法就是以文献为媒介，将阅读作为保健、养生以及辅助治疗疾病的手段，使自己或指导他人通过对文献内容的学习、讨论和领悟，养护或恢复身心健康的一种方法。

如果要让笔者来给阅读疗法下个定义的话，笔者会这样说：阅读疗法，就是以阅读为手段，通过对特定故事、情景和思想观点的了解、体验和领悟，实现认知和情感上的完善、认同与净化，从而达到消减负面情绪、改善心理状况、促进身心健康的一种方法。

中国台湾学者王万清教授在《读书治疗》一书中则将读书的疗效具体归纳为以下几种：一是发展自我概念；二是充分了解人类的行为和动机；三是对个人做正确的自我觉察和自我评价；四是有机会注意自身以外的事物和观念；五是释放情绪压力，减轻孤独感；六是协助人们更自由地讨论问题；七是勇敢地面对问题、计划以及执行有建设性的问题解决方案；八是促进人际关系的觉察和良好互动，提高生活适应能力；九是了解个人的态度和行为模式，发展自我和社会之间的良好互动关系。

阅读疗法古来有之

尽管在我国将阅读疗法作为一个正式的概念进行专门研究的时间并不长，但阅读疗法的理念和做法却是古来有之。我国汉代文学家刘向认为"书犹药也，善读之可以医愚"，明代戏曲作家和养生学家高濂在专著《遵生八笺》中则明确指出读书得法能收到祛疾养生之奇效，清代文学家张潮更是在《书本草》中模仿《本草纲目》体例开列了7个阅读疗法的处方。到了19世纪，英、法、德等国家的内科医生在为病人开出的处方中常常会包括阅读图书的书目。1848年，高尔特则专门撰写了论文《论精神病患者的阅读、娱乐和消遣》，比较系统地阐述了阅读治疗的功能，并就所阅读的书籍提出了具体的建议。

我国阅读疗法的理论研究和实践推广

近些年来，阅读疗法在我国的理论研究和实践推广都得到了一

定的发展，其中，北京大学的王波、泰山医学院图书馆的宫梅玲、
河北联合大学图书馆的黄晓郦等是突出的代表，尤其是王波教授，
潜心研究阅读疗法 20 余年，对阅读疗法进行了系统的阐述。此外，
越来越多的图书馆和医务人员也开始积极投入到了阅读疗法的实践
中。这些都是令人欣喜的现象。但也必须看到的是，阅读疗法从理
论研究到实践推广，当前在我国都存在明显的不足，尤其是在实践
推广中，阅读疗法更多地停留和局限于图书馆（含医院图书馆）领
域，涉及的对象也主要是学生和少数的医院就诊者。对于更为广大
的身心疾患者特别是广大普通民众来讲，从自我意识到宣传推广和
实践，阅读疗法还比较模糊和遥远。对此，我们要做的工作还有很
多很多。

阅读疗法在认识和理解中要厘清的几个问题

实践和推广阅读疗法，首先必须对阅读疗法有着正确的认识和
理解。在笔者看来，认识和理解阅读疗法，要重点厘清以下五个
问题。

其一，阅读疗法中的读物一定是书本吗？这个不一定。阅读疗
法中的读物具有广泛性。一方面，读物的形态具有广泛性。可以是
纸质的，也可以是数字的；可以是文字版，也可以是绘本；可以是
有声的，也可以是视频等。另一方面，阅读的内容也具有广泛性。
可以是文学作品，也可以是哲学历史；可以是整本的书，也可以是
一篇文章。当然，对于大多数人来讲，可能还是以书本为主。

其二，阅读疗法的对象一定是患有身心疾病的人吗？不是！这
个跟医院治疗病人不是一回事。在笔者看来，阅读疗法的对象同样

具有广泛性，笔者将其归纳为三类：一是普通人，通过阅读来获得知识、汲取养分、丰富精神世界和完善发展人格，达到维护或恢复心理健康的目的；二是有心理疾病的患者，把阅读当成一种特殊"药方"来辅助治疗心理疾病；三是有生理疾病的患者，通过阅读来调整心态、强大内心，为生理治疗提供必要的心理环境和精神空间。只有认识到了阅读疗法的广泛性，阅读疗法才会具有更为广阔的空间，才能为更为广大的民众服务。

　　其三，阅读疗法的实施一定需要专业人士的参与吗？未必！这个要看具体的情况。我们这里讲的专业人士主要是指图书馆员、心理治疗师、阅读疗法师、医生或其他相关专业人员。如果是非身心疾患者通过阅读疗法来达到心理健康的恢复或维护，一般来说不需要专业人士的参与，自己分析判断，自己找阅读资料来阅读即可。如果是有心理疾病的人采用阅读疗法，一般来说就需要相关专业人士来参与和实施了，包括分析判断、推荐和指定阅读内容并对阅读过程进行引导、干预和监督等。如果是身体疾病患者采用阅读疗法，则可以自行开展，也可以让其他专业人士介入和帮助。

　　其四，阅读疗法的实施是由自己来完成还是由他人来完成？这个问题，在上面一个问题中已经回答。答案就是：可以由自己，也可以由他人和自己一起来完成。

　　其五，阅读疗法可以代替身心疾病的专业治疗吗？不能！对于有心理疾病和身体疾病的人来讲，阅读疗法终究只能是辅助手段，不能也无法完全替代相关的专业治疗。这一点，我们必须要有客观而清醒的认识，既要充分认识阅读疗法的作用和功效，又不能夸大其范围和疗效。

阅读疗法的实施步骤和要点

既然是疗法，就得有相应的步骤和要点，不得随意而为之。但就步骤和要点的严谨性而言，不同的情形要求又是不一样的。具体来看，心理疾病患者在阅读疗法的实施步骤和要点把握上要求最高，身体疾病患者和普通人员在阅读疗法的要求上则依次较低些。

一般来说，阅读疗法的实施可以分为四个步骤来进行。

第一步，分析判断阶段。就是对自己或他人的身心状况尤其是心理状况进行综合分析与判断，看有什么不适和问题，可能的原因是什么，等等。如果疑似有心理疾病的话，还得借助心理咨询师等专业人士的参与。这是做好阅读疗法的前提。

第二步，准备阶段。就是针对自己和他人的身心状况尤其是心理状况，确定相应的阅读资料，准备和改善必要的阅读场所和氛围。如果阅读疗法需要他人的介入参与的话，还需建立两者甚至多者之间相互信任和融洽的关系。

第三步，实施阶段。包括阅读的实施和阅读中可能需要的他人的指导、干预和监督。这个阶段也是阅读疗法的主体阶段。

第四步，巩固提升阶段。就是对之前的阅读体验和阅读治疗过程进行回顾、总结和评估并在此基础上进一步的强化提升，条件允许时，可以开展必要的访谈交流和撰写心得体会。

前面已经说了，这四个步骤只是就一般而言的步骤，或者说比较严格的步骤，在实践中，具体情形和具体的要求是不一样的。

阅读疗法中读物的选择

对于阅读疗法而言，选择什么样的读物至关重要，否则小则使阅读疗法无法进行，大则在效果上适得其反，务必要谨慎为之。

关于阅读疗法读物的选择，一般来说要遵守以下四个方面的基本原则。

一是选择的读物要与读者的阅读能力和阅读习惯相适应。读物要难易适中，不能超过读者的阅读能力和接受能力。在可能的条件下，读物的形态也要兼顾读者的阅读习惯。

二是选择的读物内容要是科学健康的。不能偏激极端和庸俗低劣，更不能是歪理邪说、歪门邪道。

三是选择的读物数量要适当。需要的读物可能是一本书、几本书，也可能是一篇文章、一段话甚至是一句话，俗话说"一语惊醒梦中人"。总之，开展阅读疗法，读物的数量不能简单地以多少定好坏，适当、适合就行。

把握了这些基本的原则，在开展阅读疗法时，我们无论是为自己选择读物，还是为别人选择或推荐读物时，就不会出现大的偏差了。

尽管掌握选择阅读疗法读物的方法很有必要，也很重要。但在实践中，我们可能也需要一些比较系统、比较具体的阅读疗法读物清单。事实上，一直以来，很多阅读疗法的理论研究者和实践推进者也都在做这方面的工作。如王波教授在《图书疗法在中国》一文中就列出过一个大众化阅读的图书：有助于改善烦躁、易怒、敌意的书《论语》《冰心全集》《周恩来传》《笑傲江湖》等，有助于改善兴奋过度、精神亢进的书《聊斋志异》《阿Q正传》《中国十大悲剧选》《史铁生文集》等，有助于调整紊乱思维、减轻内心焦虑的书《庄子》《陶渊明集》《东坡全集》《平凡的世界》等，有助于改善精神抑郁的书《笑林广记》《西游记》《儒林外史》《围城》等，压惊、消恐的书《易经》《孙子兵法》《六祖坛经》《三毛文集》等。又如山东泰山医学院图书馆的宫梅玲也会同一批专家，推出过一份《大学生常见心理困扰对症书目》，包括减轻求学焦虑的书《遇见未知的自己》等，超越困境、激励志向的书《钢铁是怎样炼成的》等，激励资质一般同学的书《阿甘正传》等，克服交际困难的书《我把青春献给你》等，认识和享受孤独寂寞的书《瓦尔登湖》，等等。此外，在阅读疗法研究和推广上甚有影响的台湾图书馆的陈书梅则针对儿童提出了儿童情绪治疗绘本解题书目。

在此，笔者也给大家推荐 12 本适用于阅读疗法的书，希望能对大家阅读疗法读物的选择有所启示。

1. 被视为现代临床医学之父的威廉·奥斯勒所著的帮助我们深刻省思生活的《生活之道》；

2. 德国著名哲学家叔本华所著的帮助我们正确认识自我的《人生的智慧》；

3. 我国著名作家余华所著的读起来感到沉重但能激起我们对生命意义哲学追问的《活着》；

4. 法国 18 世纪启蒙思想家、哲学家、教育家、文学家卢梭所著的自揭伤疤、自曝隐私让我们明白我们与天才的差距其实没有想象中的那么大的自传《忏悔录》；

5. 被视为美国文学史上最杰出的浪漫主义小说家之一的赫尔曼·麦尔维尔所著的启发我们如何面对困境的《白鲸》；

6. 被视为美国最伟大、最受尊崇的心灵导师之一的威尔·鲍温所著的告诉我们如何度过迷茫期的《不抱怨的世界》；

7. 德裔美籍心理学家和哲学家艾里希·弗洛姆所著的启发我们如何去爱的《爱的艺术》；

8. 心理学大师欧文·亚隆所著的帮助我们解开身上的枷锁浴火重生的经典心理推理小说《当尼采哭泣》；

9. 个体心理学先驱阿尔弗雷德·阿德勒所著的帮助我们战胜自卑战胜自我的《自卑与超越》；

10. 约翰·格林所著的帮助我们重拾生活信心的《无比美妙的痛苦》；

11. 戴维·伯恩斯所著的带给无数抑郁症患者福音的《伯恩斯新情绪疗法（最新完整版）》；

12. 阿图·葛文德所著的帮助我们正确认识、客观面对衰老和死亡的《最好的告别》。

Part 4

类型阅读

在本部分中，你将重点了解到：

- 如何有区别地阅读文学、历史、哲学、法律、科技等不同类型的书籍？

- 如何丰富和提升不同文本内容的阅读审美体验？

文学阅读，不可或缺的三种审美体验

文学作品是指小说、散文、诗歌、戏剧等形式的作品。文学作品也是大众阅读最为普遍的阅读内容。

文学作品的阅读有着广泛而复杂的审美价值和审美体验，尤其是经典文学作品的阅读。

文学作品的阅读，不能仅仅停留和局限于主要人物、基本故事和事件的了解上，还要注重作品内在意蕴、特定细节和特别言语等三个方面的审美体验。否则，就会成为简单的消遣性阅读甚至是以追求简单的感官刺激为目的的阅读了。

文学作品内在意蕴的审美体验

所谓作品的内在意蕴，就是指蕴含在作品之中的含义和思想，是作者通过作品意欲表达的某种生活态度、情感倾向和精神指向。其实，意蕴更多的时候是一种不可具体而言之的东西，所以黑格尔说"意蕴是比直接呈现的形象更为深远的一种东西"。任何一篇或一部不错的文学作品，都会有其内在的意蕴。在阅读中体会、感悟作品的这些内在意蕴，会让我们感受到一种深沉、悸动于心的独特审美体验，这种审美体验我们是不应该忽略和放弃的。

例如，通过阅读路遥的《平凡的世界》，我们深切地感受到了一种自强不息、把苦难转化为前行的精神动力的温暖与力量；而通过阅读余华的《活着》，则让我们既体会到了"没有比活着更艰难的事"的沉重，也感悟到了"没有比活着更美好的事"的希冀；通过阅读普希金的经典诗歌《假如生活欺骗了你》，我们深切地体会到了作者光明必将战胜黑暗的积极信念和人生信条；通过阅读雨果的《巴黎圣母院》，我们强烈地感受到了作者礼赞下层劳动人民善良、友爱的人道主义思想；通过阅读司汤达的《红与黑》，我们对人的双重人格、矛盾性格会产生深刻的思考与感悟，等等。

文学作品特定细节的审美体验

所谓特定细节，是指作品中被重点描述的某些细节，包括具体的场景、动作、表情、心理、对话等。一般来说，任何一篇或一部优秀的文学作品，作者都会有意识地在其中设置一个或若干个特定的细节，以表达或强化作者某种特定的体验、情感和态度。细细阅读、咀嚼和体会这些细节，读者可以获得某种情景化的审美体验，或共情，或震颤，或他我统一，或物我交融……

如朱自清在《背影》中，对父亲去给他买橘子的场景进行了非常详细的描述："我看那边月台的栅栏外有几个卖东西的等着顾客。走到那边月台，须穿过铁道，须跳下去又爬上去。父亲是一个胖子，走过去自然要费事些。我本来要去的，他不肯，只好让他去。我看见他戴着黑布小帽，穿着黑布大马褂，深青布棉袍，蹒跚地走到铁道边，慢慢探身下去，尚不大难。可是他穿过铁道，要爬上那边月台，就不容易了。他用两手攀着上面，两脚再向上缩；他肥胖的身子向左微倾，显出努力的样子。这时我看见他的背影，我的泪很快地流下来了。我赶紧拭干了泪。怕他看见，也怕别人看见……"正是通过这些大量的细节描述，让我们真切地感受到了一种至深的父子之情。

又如《红楼梦》第八回里描述黛玉去看宝钗的场景：黛玉去看宝钗，正好碰到宝玉也在这里，黛玉就说来得不巧了，宝钗问何故，这时候黛玉对宝钗说了一句话，黛玉笑道"早知他来，我就不来了"。一句"早知他来，我就不来了"就很好地隐喻了黛玉、宝钗与宝玉之间的纷杂奇缘。其情其景其言，确实值得好好咀嚼。

再比如巴尔扎克在《欧也妮·葛朗台》中描写葛朗台临死前的场景：他所有的生命力都退守在眼睛里了，他能够睁开眼的时候，立刻转到满屋财宝的密室门上："在那里吗？在那里吗？"问话的声音显出他惊慌得厉害。"在哪里呢，父亲。""你看住金子！……拿来放在我面前！"欧也妮把金路易铺在桌子上，他几小时的用眼睛盯着，好像一个才知道观看的孩子呆望着同一件东西；也像孩子一般，他露出一点儿很吃力的笑意。有时他说一句："这样好教我心里暖和！"脸上的表情仿佛进了极乐世界。本区的教士来给他做临终法事的时候，十字架、烛台和银镶的圣水壶一出现，似乎已经死去几小时的眼睛立刻复活了，目不转睛地敲着那些法器，他的肉瘤也最后的动了一动。神父把镀金的十字架送到他唇边，给他亲吻基督的圣像，他却做了一个骇人的姿态想把十字架抓在手里，这一下最后努力送了他的命……作者对葛朗台临死前眼睛和手的描写，把一个守财奴的形象活脱脱地表现出来了，真可谓一切皆在细节中啊！

文学作品中特别言语的审美体验

这个很好理解，就是在优秀的文学作品中总会有那么些让人印象极其深刻的言语，这些言语或者给人以特别的美感，或者给人以特别的启示，有时我们会称经典文学作品中的这些特别言语为名句。在阅读文学作品时，对于其中那些特别的言语，我们一定不可一扫而过，而要字斟句酌甚至反复阅读体会，久而久之，我们甚至会获得一种妙不可言的审美体验。

在中外文学经典作品中，这种特别的言语就太多了，这里我们也略举一些。如：奥斯特洛夫斯基在《钢铁是怎样炼成的》中所写的"人最宝贵的是生命，生命对人来说只有一次。人的一生应当这样度过：当他回首往事时，不会因为碌碌无为、虚度年华而悔恨，也不会因为为人卑劣、生活庸俗而愧疚"。大仲马在《基督山伯爵》中所写的"如果你渴望得到某样东西，你得让它自由，如果它回到你身边，它就是属于你的；如果它不会回来，你就从未拥有过它"。米兰·昆德拉在《生命中不能承受之轻》中所写的"从现在起，我开始谨慎地选择我的生活，我不再轻易让自己迷失在各种诱惑里。我心中已经听到来自远方的呼唤，再不需要回过头去关心身后的种种是非与议论。我已无暇顾及过去，我要向前走"。海明威在《老人与海》中所写的"一个人不是生来就要被打败的，你可以被毁灭，但不可以被打败"。托尔斯泰在《安娜·卡列尼娜》中所写的"幸福的家庭是相似的，不幸的家庭各有各的不同"。吴承恩在《西游记》中所写的"人心生一念，天地悉皆知，善恶若无报，乾坤必有私"，等等。

　　这里特别想说明的一点是，文学作品中特别言语和经典名句的欣赏与体会，最好是建立在整部作品和整篇文章阅读的基础之上，而不是孤立地甚至碎片化地去阅读和理解所谓的经典名句，那样，容易断章取义甚至误读误解，至少会缺少全面而深刻的审美体验。

历史阅读，三要三不要

所谓历史类书籍，实际上是个比较宽泛的概念。为便于理解，我们可以将历史类书籍简单地划分为两大类：一类是史书，就是专门记录历史的书籍，狭义上的史书专指"记载历史的古籍"，如《史记》《汉书》《资治通鉴》等；另一类就是指梳理考证、解读评论历史的相关书籍，这类书籍多由现当代人所著，如吕思勉所著的《中国通史》、钱穆所著的《国史大纲》《中国历代政治得失》和麦克法兰所著的《现代世界的诞生》、斯塔夫里阿诺斯所著的《全球通史》等。现在很多人了解和阅读历史，更多地会选择后一类书籍。

就大众阅读而言，关于历史类书籍的阅读，首先建议大家做到"三要三不要"。

一是在阅读目的上，要注重通过阅读历史类书籍去了解历史、感悟历史、汲取养分，不要停留在简单的阅读消遣甚至猎奇上。

"以史为鉴，可以知兴替"，"历史是最好的教科书"，"读史明理、读史增信、读史崇德、读史力行"，说的都是读史的重要性。与文学作品基于形象的艺术塑造和情感的投射共鸣的阅读审美不一样，历史类书籍的阅读更多地体现在对历史的了解和感悟上，体现在历史与现实、他人与自我的思考和时空连接上。以《资治通鉴》为例，在这部书里，总结出了许多国家治理的经验教训，宋神宗认为"鉴于往事，有资于治道"，所以阅读此书，自然不能停留在基于故事和情节的审美体验上，更多的是要从中去感悟成败得失、汲取历史的养分。再比如《现代世界的诞生》，作者在书中全方位地描述和展示了英格兰社会的独特性，比较性地呈现了西方的历史与中国的现状，阅读此书，就需要思考在个人主义盛行的现代社会如何有效解决最棘手的"社会凝聚"问题。

二是在阅读内容上，要多读正史，不要沉溺甚至迷信于各类野史的阅读。

关于历史，通常有正史与野史之说。正史一般由官方主持编写，具有较强的权威性，也比较接近历史的真实，前面我们提到的那些史书，皆为正史。野史一般由私家民间编写，其不少内容系道听途说，真实性无从考证，如《太和野史》《明季稗史汇编》以及"××秘史"等。尽管说正史未必都是真的，野史也不一定都是假的，但总体上来说，我们还是建议大家多读些正史，少读些野史。现在不少人热衷于阅读那些为吸引眼球、博得流量而拼凑甚至杜撰的秘史、野史，是不可取的。

三是在阅读格局上，要纵横兼顾，不要局限于某个区域、某个阶段。

纵向来看，各朝各代，都要熟悉；横向来看，中外各国，皆要了解。只有在广博的历史格局和比较视野中，才能在那些偶然与必然中洞悉历史的规律、人生的智慧。在阅读推广和书目推荐中，我们经常会有意识地引导和强化大家在阅读中国历史书籍的同时也多读一些反映世界历史的书籍，主要也是出于这方面的考虑。关于反映世界历史的书籍，除了前面提到的一些外，这里也再给大家推荐几本：尼尔·麦格雷戈所著的《大英博物馆世界简史》、贡布里希所著的《写给大家的简明世界历史》、殷涵和尹红卿所著的《世界五千年历史故事》、雅克·巴尔赞所著的《从黎明到衰落》、贾雷德·戴蒙德所著的《枪炮、病菌与钢铁》、贡德·弗兰克所著的《白银资本》。

除了上面的"三要三不要"之外，要想读懂、读好历史类书籍，还需重点把握以下一些要点和方法。

一是对历史的基本脉络和总体框架要有所了解，这个是前提。

举个例子，要去读中国历史，首先总得要对中国的各朝各代及其基本知识有个初步的了解吧。实际上，要把握历史的基本脉络和总体框架，最好的办法之一就是先阅读一些入门类、通识类的历史读物，如前面所提到的《史记》《中国历代政治得失》《全球通史》《写给大家的简明世界历史》《世界五千年历史故事》以及张帆所著的《中国古代简史》、樊树志所著的《国史十六讲》和清代吴乘权等编著的《纲鉴易知录》等。

二是要善于查找文献。

在阅读历史类书籍特别是古籍类的史书时，我们经常会遇到一些不熟悉不理解的名词、概念和事项性表述，有的与地理有关，有的与典章制度有关，有的与事件典故有关，有的与习俗有关，有的与服饰有关，有的与生产生活工具有关。这时，我们就要学会查找文献，从文献中获得答案和加深理解。从阅读方法的角度来看，适时查找文献也属于主题阅读的一种，其不仅可以帮助我们顺利地完成阅读，也是我们与历史知识和文化的一次深度链接。

三是要善于对比阅读与思考。

有人说历史实际上有两种，一种是真实的历史，一种是记录或被解读的历史。不同的历史书籍，对历史的记录和解读都会有其不同的出发点、不同的史料依据和不同的视角，与历史的真实接近程度也不一样。此外，历史总是联系的，不能孤立、割裂地去读。所以，要对历史做到更全面、更真实、更科学的把握，我们阅读的书籍就不能过于狭窄和单一，更不能"吊死在一本书上"，而是要尽可能地多读一些，从不同的层面、不同的角度去了解，而且要边阅读、边对比、边思考，这样，我们就会更加接近历史的真实，更加科学地把握历史的规律。以明代历史为例，如果只是阅读前些年很火的《明朝那些事儿》或者《细说明朝》，就难以对明朝的历史做到全面而真实的了解，如果还能读读吴晗所著的《朱元璋传》、黄仁宇所著的《万历十五年》以及张廷玉等修编的《明史》，情况就完全不一样了。

哲学阅读，一个核心，三种方法

说到哲学类书籍的阅读，首先还是要先说说什么是哲学。因为在很多人的眼里，哲学是个很神秘甚至很玄乎的东西，颇有距离感，于是不愿甚至不敢去阅读哲学类书籍。

其实，哲学根本没那么神秘和遥不可及。简单地说，哲学是关于世界观和方法论的理论体系，是对普遍规律和基本方法的探寻与把握，是人类对自然、对世界、对自身永恒主题的思考和追问。黑格尔认为"哲学是一种特殊的思维运动，哲学是对绝对的追求"。亚里士多德说"求知是所有人的本性，人都是由于惊奇而开始哲学思维的，一开始是对身边不解的东西感到惊奇，继而逐步前进，而对更重大的事情产生疑问，例如关于月相的变化，关于太阳和星辰的变化，以及关于万物的生成"。冯友兰在《中国哲学简史》中说"哲学就是对于人生的有系统的反思思想"。胡适在《中国哲学史大纲》中则说"凡研究人生切要的问题，从根本上着想，要寻一个根本的解决，这种学问，叫作哲学"。所以有人说"哲学是人类智慧开出最伟大的理性之花"。

如果说文学作品阅读注重的是审美体验、历史类书籍阅读注重的是对历史的把握和感悟的话，那么，哲学类书籍阅读的关键就是思考了。可以这么说，思考是哲学类书籍阅读的核心和生命力所在，没有思考，就谈不上哲学类书籍的阅读。阅读哲学类书籍时，作者特别是那些大师级的作者们，就如同一个思想王国里的导游一样，时刻在引导和启发你去思考，我是谁、我从哪里来、我要到哪里去，宇宙是什么，生是什么，死是什么，时间是什么，空间是什么，时空可否转换，爱是什么，恨是什么，幸福是什么以及如何追求，苦痛和悲伤从何而来又如何消除，嫉妒和虚荣因何而起又如何去抑制，生的价值是什么又如何去实现……这些都是我们在哲学类书籍中可能会碰到、必定会思考的一些问题，也正是这些主动或被动的思维运动，才构成了我们阅读哲学类书籍的意义与审美所在。这就是笔者认为的哲学类书籍阅读的一个核心：思考。

说了思考这个核心，我们再来说说哲学类书籍阅读的三种方法：进阶式阅读，主题式阅读，从师式阅读。

进阶式阅读

所谓进阶式阅读又称渐进式阅读，就是在阅读实践中，从简单的内容和书籍开始，逐步加大难度，由简到繁、由易到难。尽管说历史类书籍甚至文学类书籍的阅读，也需要、也可以采取进阶式的阅读方法，但比较而言，哲学类书籍的阅读则更需要了，特别是对于那些对哲学了解不多的初级阅读者而言。这里，我们也给大家推荐几本哲学入门的书籍。第一本是乔斯坦·贾德的《苏菲的世界》，这本书是公认的哲学入门书籍，该书用小说的方式讲述了 14 岁少女苏菲在某个神秘导师的指引下，开始思索从古希腊到康德、从祁克果到佛洛佛德等各位大师所思考的根本问题。第二本是威尔·杜兰特的《哲学的故事》，这本书用讲故事的方法介绍了有史以来的主要哲学家的生平及其观点，让读者在最短的时间内、用最有趣的方法了解漫长的哲学发展和艰深的哲学命题。第三本是阿兰·德波顿的《哲学的慰藉》，该书通过向苏格拉底、伊壁鸠鲁、塞内卡、蒙田、叔本华、尼采这六位哲学家取经的方式，围绕不受欢迎、缺钱、遭遇挫折、被认为有缺陷、心碎、困顿等六个不同的人生问题进行探析与思考。第五本是冯友兰的《中国哲学简史》，这本书篇幅不长，但用通俗易懂的语言系统勾勒出了中国哲学的基本过程和主要问题。第六本是傅佩荣的《哲学与人生》，该书以通识课程讲解的方式引导大家思考世界和人生的重大问题。第七本是叶秀山的《哲学要义》，该书根据他给北大新生讲授哲学导论的讲义整理而成，书中不仅帮我们系统梳理了哲学的基本问题，还从听、说、读、写等多个方面教授了我们如何理解哲学、学习哲学。在阅读过一定量的哲学类入门书籍之后，再逐步尝试阅读黑格尔的《法哲学原理》、柏拉图的《理想国》、卢梭的《社会契约论》、休谟的《人性论》、康德的《纯粹理性批判》、罗尔斯的《正义论》、老子的《道德经》等其他哲学经典就会容易得多。其实，对于大多数阅读者而言，我们更看重的是那些哲学类入门书籍，因为阅读那些书籍，不仅可以帮助你对哲学知识有个基本的了解，而且可能会激发你阅读哲学书籍、步入哲学宫殿的兴趣，这点尤其关键。

主题式阅读

关于主题式阅读方法，我们前面已多次提到并专题论述，运用到哲学类书籍的阅读也并无什么特别不同之处，核心要点也是先确定某个感兴趣或者想重点了解的哲学主题，然后有选择地阅读相关的书籍或文章。举个例子吧，如果你对辩证法有兴趣，可以选择黑格尔的《逻辑学》《小逻辑》、恩格斯的《自然辩证法·导言》、老子的《道德经》和毛泽东的《矛盾论》等系列书籍来阅读。如果你想了解与幸福有关的相关内容，你不妨选择马丁·塞利格曼的《真实的幸福》、泰勒·本–沙哈尔的《幸福的方法》等书籍来阅读。

从师式阅读

该阅读法对哲学类书籍的阅读尤为适用。该阅读法的基本要义就是参照大师名师重点阅读过或者重点推荐过的书目开展哲学阅读。例如泡尔生的《伦理学原理》、达尔文的《物种起源》和李达的《社会学大纲》等毛泽东主席重点阅读甚至反复阅读过的这些哲学类书籍就是我们开展哲学类书籍阅读的很好借鉴。沿着大师们的阅读轨迹向前搜寻和开展哲学类书籍的阅读，你一定会收获不一样的哲学阅读体验。

法律阅读，重术更要明道

　　前面我们比较系统地谈了文、史、哲方面的阅读。这里，我们再来重点谈谈法律方面的阅读。事实上，在这么多年的阅读推广中，法律阅读都是笔者重点关注和着力推动的内容之一。

　　在推进依法治国的大背景下，法律阅读的重要性和现实需求性日益显现。阅读是最能潜移默化地影响人、改变人的方式。当前，我国正在全面推进依法治国，党中央也对全面推进依法治国、建设社会主义法治国家进行了系统的部署安排。需要看到和重视的是，在社会主义法治国家建设的过程中，民众法律意识、法治观念具有基础性的作用，因为法律的权威源自人民的内心拥护和真诚信仰，如果民众法律意识不强、法治观念淡薄、法治信仰缺失，法治建设就会失去最基本的前提和保障。而法律阅读则是促进和推动民众法律意识建立、法治观念形成、法治信仰培育的重要途径和手段之一。所以这些年笔者一直呼吁在深入开展法治宣传教育的过程中，一定要大力推动民众开展法律阅读，引导和帮助广大民众多读法律方面的好书。湖南大学中国全民阅读研究中心曾经在全国范围内开展过一次法律阅读方面的专项调查，调查结果也充分显示强化法律阅读是开展法治宣传教育最有效、最急需的途径和方式。例如，对于

"你平时是否经常阅读法律方面的书籍?"的问题,在接受问卷调查的 2012 人中,有 1095 人选择了"平时很少阅读或阅读得不多",占比达到了 54.4%;对于"提高民众法律意识和普及法律知识,你觉得最有效的方式?"的问题(可多选),有 59.7% 的人选择了"多引导和推荐大家读一些法律方面的书";而对于"如果你想读一些法律方面的书籍,你最需要的帮助是什么?"的问题,在接受问卷调查的 2012 人中,有 1096 人选择了"希望有人帮我推荐好的法律方面的书籍",占比达到了 54.5%。

法律阅读既要重术更要明道。这主要是就法律阅读的目的和与之相关的内容而言。这一点,无论是对于普通大众而言,还是对于专门的法律工作者而言都尤为重要。一方面,我们需要通过阅读基本的法律文本、法律条文如《民法典》等,来掌握基本的法律知识和法律规范,这属于"术"的层面。另一方面,我们也需要通过阅读一些中外法律经典著作,以便从中了解和把握法律的"真谛"并汲取古今中外法治文明的养分,这属于"道"的层面。这无论是对于普通民众法律意识的提升、法律信仰的建立,还是对于现代法治队伍的打造都具有重要的意义。法律阅读,只有"术""道"结合,才能起到标本兼顾的作用。当然,"术"也好,"道"也罢,如果相关书籍既通俗易懂、可读性强,又能引人思考感悟和激发法律阅读兴趣的话,那就再好不过了。

这里,我们也给大家重点介绍几木帮助大家明"道"的法律经典著作。第一本是罗斯科·庞德的《通过法律的社会控制》,这本书力图从社会学的角度,帮助大家认识和理解法律的本质以及真实的法律世界,包括文明和社会控制、什么是法律、法律的任务、法律的价值等。第二本是迈克尔·瑞斯曼的《看不见的法律》，在本书中，作者将古罗马的格言"有社会的地方就有法律"作为隐线，通过生活中鲜活的案例和普遍的现象来观察和理解法律，内涵深刻，可读性又比较强。第三本是萨伯的《洞穴奇案》，该书通过一桩奇特的假想公案及其判决，对 20 世纪各个法哲学流派的思想进行了生动的呈现，精彩动人又引人深思，是跨学科法律通识教育的理想读本。第四本是瞿同祖的《中国法律与中国社会》，该书通过大量的个案和判例，分析了中国古代法律在社会上的实施及其对普通老百姓生活的影响，揭示了中国古代法律的基本精神和主要特征。第五本是陈瑞华的《看得见的正义（第二版）》，该书用格言的形式普及法学常识，并通过各种案例、典故和寓言等予以呈现，生动活泼，不仅适合专业人士阅读，也适合普通大众阅读。

科技阅读，三类有机结合

科技，是科学技术的简称，包括科学和技术两个大的范畴。一般来讲，科学主要研究自然现象及其规律，侧重于解决理论问题；技术则是指根据科学的原理和实践经验形成的各种工具、设备、技术和工艺，侧重于解决实际问题。由于科学和技术是辩证统一体，人们往往习惯于把科学与技术连在一起来谈，简称科技。

科技阅读就是围绕科学技术所开展的阅读。科技阅读包括科普性的科技阅读和专业性的科技阅读。我们这里所谈的主要是指科普性的科技阅读。

为便于给大家开展科技阅读提供一个简单而明了的框架体系，我们这里不妨根据阅读内容的不同，将科技阅读简单地分成三类。

一是科技史方面的阅读。这类阅读主要是从宏观上了解人类科学技术产生、发展和系统化进程的历史。相关的书籍如：麦克莱伦第三和多恩所著的《世界科学技术通史》，该书以全球的视野为世界科学技术的发展脉络提供了一幅难得的"全景图"；卢晓江所著的《自然科学史十二讲》，该书详细介绍了从四大文明古国的科学到近代科学的兴起直至当代新科技革命的世界自然科学发展史；李约瑟所著的《中国科学技术史》，该书通过丰富的史料和分析对比，系统论述了中国古代科学技术的发展及辉煌成就。

二是科技常识和科技奥妙方面的阅读。这类阅读主要是对已知科技知识的了解和对未知事物、现象与方式方法的探索。相关的书籍如：中国科学院组织编纂的《科学技术百科全书》，该书对全世界各类科学技术进行了全面的介绍；A. F. 查尔默斯所著的《科学究竟是什么?》，该书对 20 世纪西方科学哲学各流派及其思想进行了系统的介绍；约翰·范登所著的《不可不知的科学》，该书对从电视机到3D 打印机、从发射卫星到下潜深海等新时代的科技常识进行了全面的解读。

三是科技专题的阅读。这类阅读主要是对具体科技领域和具体科技专题的深度了解与学习。相关书籍如：理论宇宙学家罗伯托·特洛塔所著的《天空的边际：关于无所不包你需要知道的一切》，该书用最常见的 1000 个英文单词对大爆炸、黑洞、暗物质、暗能量等现代宇宙学中的重要发现和谜团进行了介绍和说明；神经科学家哈娜·罗斯和神经学博士转型插画家马特奥·法莱拉所著的《神经科学》，该书用绘本展现了感知、记忆、幻觉、情感、意识和思维等丰富的大脑世界；胡迪·利普森和梅尔芭·库曼所著的《3D 打印：从想象到现实》，对 3D 打印从理论到实践进行了全面的介绍。

由于科技史和科技专题中本身也包含了较多的科技常识和科技探索，所以对于大众的科技阅读，我们的建议是：科技史方面的书籍一定要尽早读、有计划地读，科技专题方面的书籍可以根据自己的兴趣与专长有针对性地读，科技常识和科技奥妙方面的书籍则可以随机性地读。

需要补充一点的是：与文史哲法类的阅读相比较，除了边读边思考这一共同要求之外，科技类的阅读最好能结合到科技馆、博物馆参观相关的实物、标本和图片甚至动手体验来展开，对于儿童科技阅读来讲，这点尤为重要。

Part 5

群体阅读

在本部分中，你将重点了解到：

- 不同的群体有哪些不同的阅读特点和审美体验？

- 针对不同的阅读群体，我们该如何做好有针对性的阅读
  推广与服务？

儿童阅读

儿童阅读是成人阅读的奠基石，也是国家阅读的起点。无论是对于一个家庭而言，还是对于一个国家而言，怎么重视儿童阅读都不为过。英国专门制定了一个旨在为学龄前儿童提供阅读指导服务的"阅读起跑线"计划，为每个儿童提供价值不菲的图书资料，根据儿童成长的实际需要，分年龄段以不同的方式分发。美国则在克林顿时期就掀起了名为"美国阅读挑战"的教育活动，动员全社会帮助和推动儿童阅读，2002年美国总统布什还专门签署了名为《不让一个孩子落后》的法案，保证每一个孩子在三年级时可以进行熟练阅读。我国将每年的4月2日确定为"中国儿童阅读日"，以此促进中国儿童阅读。

相较于成人阅读，儿童阅读有两个鲜明的特点。一是影响的深远性。儿童时期是一个人认知和思想的启蒙期，也是一个人习惯养成的关键期。儿童时期所形成的阅读习惯、阅读认知和阅读态度将会深度影响甚至在某种程度上决定其一生的阅读。一直致力于儿童阅读推广的美国前第一夫人劳拉·布什就深有体会地说"一个人的阅读习惯是从小养成的，若错过了儿童时期的培养，则将很难在成年后再培养"。所以说儿童阅读是成人阅读的起点和奠基石。二是行为的非自主性。儿童和成人最大的区别就在于自主选择能力的欠缺，这势必就会造成儿童在阅读行为上的被动性和不确定性。首先是孩子们阅不阅读、什么时候阅读，具有极强的随机性和随意性，在很大程度上会由外部因素影响甚至决定。更为关键的是，孩子们在阅读内容上也一般很少自己主动提出需求（即便是他可能已经有了他的爱好与倾向），而是父母或者老师给他提供什么或者推荐什么他就读什么。正因如此，帮助、推动儿童阅读就成了家庭、学校和社会共同的责任了。

重视、推动儿童阅读，不能只停留在认识上、口头上，既要有关键有效的抓手，又要有系统推进的思维。笔者以为，其中尤其要做到"四个注重"。

注重儿童阅读习惯的养成

无论是家庭内儿童阅读的引导和帮助，还是整个社会范围内的儿童阅读推动，注重儿童阅读习惯的养成都应该是重点所在，都应该通过阅读氛围的积极营造、阅读认知的逐步强化、主题阅读的科学牵引和契合儿童兴趣爱好与实际需求的合理介入等方法来培养起儿童良好的阅读兴趣与习惯。具体的做法，前面我们已经专门探讨过，这里就不再重复了。需要说明的是，就家庭而言，孩子阅读习惯的养成，一个最为重要的方法和途径就是亲子阅读，关于亲子阅读的开展，前面我们也已经专门论述过。

注重儿童阅读内容的供给与服务

同成人阅读相比较，儿童的阅读需求有其特殊性。从内容上看，儿童更喜欢阅读那些故事性强且能够满足其好奇心、求知欲和想象空间的书籍，很多成年人喜爱的经典好书可能就不适合提供给儿童阅读。从形式上看，儿童更喜欢阅读那些厚薄适中、色彩对比鲜明和轻松明快的书籍，那些厚重、看起来比较沉闷的书籍也不适合提供给儿童阅读。另外，随着数字阅读的发展，动态绘本、有声读物也越来越受到儿童的欢迎。但从我们的调查来看，"选择什么样的书给孩子读"仍然是很多父母面临的一道难题。所以，我们应该从儿童的认知特点、心理特点、需求特点、兴趣爱好和功能引导等各个方面进行认真分析研究，更多、更好和更有针对性地满足和引导儿童阅读。在这方面，还需要我们在内容创作、出版印刷、书目推荐以及分级阅读等各个方面多动脑筋、多下功夫。

注重学校教育中儿童阅读生态的打造

对于教育而言，阅读既是重要的途径和手段之一，也是教育的基本内容之一，儿童的学校教育更是如此。如果说家庭内对于儿童阅读的引导和帮助带有很强的自发自主性的话，学校内儿童阅读的组织和推进则需要良好的生态来做保障，这个生态的核心就是学校内儿童阅读的引导、支撑和保障体系。具体内容包括基于阅读兴趣培养和阅读能力提升的阅读课程的设置、阅读辅导师资队伍的培养和建设、阅读和阅读推进效果在师生评价体系中的设置以及儿童阅读软硬条件在学校的基本配置等等。可以说，没有系统的生态体系做保障，儿童阅读推进在学校教育中就不能取得理想的效果，但实事求是地说，在这方面，我们在学校教育中做得还很不够。

注重儿童阅读中鸿沟的缩小

关于我国儿童阅读所呈现出的鸿沟状况，主要表现在微观和宏观两个方面，一是微观上的差异，主要是不同孩子、不同家庭儿童阅读状况之间的差异；二是宏观上的差异，突出表现在城市和农村孩子阅读状况的整体性巨大差距。前者的差异具有必然性，后者的差距则需要我们引起高度的重视。我们曾经就城市和农村孩子随机做过调查，仅仅从阅读量来看，农村孩子一年的平均课外阅读量还不到城市孩子的三分之一，据不完全统计，我国 30% 的城市孩子拥有 80% 以上的儿童图书。这些还仅仅是从面上的阅读量和图书供给来看，如果从家庭和学校对儿童阅读的引导、辅导和推动等深层次来看，城乡之间的差距就更大了。如何尽快缩小城乡儿童阅读之间的巨大鸿沟，确实已经成为摆在我们面前的一个十分重大的问题，需要从农村教育扶贫、乡村振兴和基本公共服务的均等化等战略高度加以重视和解决。

女性阅读

在阅读研究和阅读推广的圈子里，女性阅读是个谈论得并不算太多的话题，至于从理论和实践推进等方面对女性阅读进行的系统阐述就更少了，这确实是个问题。

有人认为女性阅读不是阅读本身的分类，而是根据消费需求来定义的，认为女性阅读主要是为了放松和休闲，有点像精神领域的麦当劳，"能解饱，但养分有限"；还有人甚至认为女性阅读就是肤浅小说的代名词。对于这些观点，笔者是不认可的。对于女性阅读，我们应该有新的视角、新的认识和更为客观的态度。如何客观定义、正确对待女性阅读，不仅是阅读理论研究发展的应有之义，也是积极适应国民阅读新生活、有效指导和推动全民阅读的基本要求。

笔者认为，女性阅读是基于阅读主体属性的一种阅读类别，就如儿童阅读、老人阅读一样。作为一种基于性别属性的阅读类别，女性阅读有其自身的特点和规律，也有其与时代发展相适应的变化和趋势，但与肤浅无关，与性别歧视更是扯不上关系，而且仅仅从消费和需求的角度去看待也显得过于狭隘。

本着这一基本定位，我们再来重点探讨几个与女性阅读有关的话题。

女性阅读的功能性特点

综合来看，女性阅读的意义极其丰富，绝不是有人认为的单纯娱乐和消遣。首先，可以帮助女性实现自我身心的优雅放松和慰藉。在纷杂、忙碌甚至疲惫的工作与家庭操劳之际，如果能够读上一本让自己放松和心灵回归宁静的好书，那份惬意和愉悦无疑是非常难得的。其次，有助于女性价值认同和独立人格的养成。"你以为我贫穷、相貌平平就没有感情吗？我向你起誓：如果上帝赐予我财富和美貌，我会让你难于离开我，就像我现在难于离开你一样。上帝没有这样安排。但我们的精神是平等的。就如同你我走过坟墓，平等站在上帝面前。"就是经典名著《简·爱》中这短短的一段话，就会唤醒和激发多少女性对于自由、平等、自尊、自强的向往。再次，可以帮助女性掌握学习工作、家庭生活和完善自我的基本知识。尤为关键的是，女性犹如涓涓溪流，无声地浸润着她的子女和身边的每一个人，这种浸润带来的影响力是男性也无法比拟的。女性通过优雅而高品质阅读建立或完善的审美情趣、品格修养，不仅决定一个家庭的幸福与否，也在很大程度上影响着整个社会的和美与幸福。从这点上看，女性阅读也是家庭幸福、社会幸福的重要动力源泉之一。

女性阅读的意识和权利保障

以历史的眼光来看，对于女性阅读的认识与态度，在某种程度上影响和制约着女性阅读在实践中的表现，这里面很重要的一点，就是女性自我阅读意识的觉醒和整个社会对于女性阅读认识的深化。

此外，从法律、制度和基础条件、服务供给等各个方面保障女性阅读的权利，也是不可忽视的问题。应该说，随着社会的发展，无论是在阅读意识的觉醒上，还是阅读权利的保障上，我国女性阅读都已取得了巨大的历史性进步，而且在阅读实践上呈现出了良好的发展趋势。京东大数据显示，近几年，我国女性图书用户占比逐年增高，且女性的购书量增速已经高于男性，2018 年，女性读者人均购书 7.6 本，女性读者在纸质书籍购买上的人均消费近 230 元，女性的"阅读力"正在变得越来越强。

女性阅读内容的逻辑构成

从理论逻辑来看，与女性阅读的功能性特点相适应，女性阅读的内容主要包括消遣性、实用性和提升性等三个层面。从实际情况来看，近年来，尽管娱乐消遣性的内容在我国女性阅读中仍然占了较大的比重，但女性读者的阅读兴趣、阅读倾向和阅读范围正在变得越来越丰富和广泛，尤其是与生活品质和品位、个人素质和修养有关的书籍越来越受到广大女性读者的欢迎，这是非常可喜的现象。这里，笔者也列举一些比较适合或者深受女性读者喜爱的书籍，从中大家会有更深一层的体会。如夏洛蒂·勃朗特所著的描述主人公追求平等和自由的经典小说《简·爱》，西蒙娜·德·波伏娃所著的被西方女性誉为圣经的《第二性》，谢丽尔·桑德伯格所著的试图解开女性成功密码的《向前一步》，克里斯汀·金柏尔所著的追寻积极生活方式和生活态度的《我最好的作品就是我的生活》，葛爱丽所著的以女性视角审视人生的《女性心灵故事》，渡边淳一所著的帮助女人深入了解男性的《男人这东西》，特蕾泽·休斯顿所著的帮助女性理性思考和科学决策的《理性的抉择》以及我国经典名著《红楼梦》等。

女性阅读实践特点的把握

除了上面谈到的一些内容外，同男性阅读相比较，女性阅读在实践表现上还有几个值得重点关注的特点。一是受婚姻家庭的影响更大。京东大数据研究院联合京东图书共同发布的报告就显示，婚姻几乎成了女性阅读内容的分水岭，未婚女性阅读的书籍多以消遣类和对提升自身能力有帮助的书籍为主，而已婚女性则多以家庭、育儿为主。相比较而言，男性在这方面的变化则不大。二是碎片化特点更为明显。这在很大程度上与女性在操持家务等琐碎事务上投入的时间和精力更多有关。三是代入感更强。在阅读中，女性更容易被书中的故事、情景和语言所打动，更容易把作品描写和反映的情形与自己的生活、感受相关联。四是更愿意接受作品的"电视化"。笔者所做的一项调查结果就显示，有将近70%的女性"喜欢"或者"接受"自己喜欢的小说改编成电视剧来加以观看，这一比例比男性高出了将近11个百分点。五是更渴望交流阅读心得。同男性相比较，女性更愿意把自己阅读到的内容和心得体会同自己的朋友特别是"闺蜜"进行分享。把握这些实践性特点，对于我们推动女性阅读、做好女性阅读供给服务大有好处。

教师阅读

一些老师往往有这样的苦恼和困惑：我在课堂上为什么很难做到游刃有余、收放自如呢？在笔者看来，其中一个很重要的原因就是平时的阅读量不够、积累不够。

无论是从教育人、培养人的基本职责要求而言，还是作为天然的阅读推广人身份而言，阅读对于教师的极端重要性怎么形容都不为过。自古以来，我国一直习惯称教师为"教书匠"，这实际上也在一定程度上说明了阅读对于教师的极端重要性。教师不仅仅是知识与技能的传播者、授予者，更是学生人格养成的引导者、助推者，丰富而优质的阅读可以让教师的知识更加丰富、视野更加开阔、思维更加活跃，让教师传道授业解惑的本领更为全面客观。

与其他阅读群体不同，教师阅读相对来说要求会更高一些。

首先我们来谈谈教师阅读的内容。

一般来说，教书阅读的内容，主要包括三个方面：一是为了提高自身综合素质特别是人文素质所进行的综合阅读。其所阅读的书籍面比较广，而且以经典书籍为主，这些书籍也就是我们大多数人为了提高自身综合素质所应阅读的相关书籍，并无什么特别之处。二是为了提高自身教书育人的专业技能所进行的专业阅读。这种专业阅读的书籍大致可以分为两类，一类是基于教师这个职业所必须阅读的相关专业书籍，包括教育学、心理学等方面的书籍，如肖川所著的《教育的理想和信念》、马克斯·范梅南所著的《教学机智——教育智慧的意蕴》、苏霍姆林斯基所著的《给教师的一百条建议》、陶行知所著的《陶行知文集》、莫雷所著的《教育心理学》、让·皮亚杰所著的《儿童的道德判断》等；另一类是基于所从教的领域和专业所必须阅读的书籍，如文学方面的教师应该阅读文学方面的专业书籍，法律方面的教师应该阅读法律方面的专业书籍，体育方面的教师应该阅读体育方面的专业书籍等，这个很好理解。三是为了引导、推动和帮助学生阅读所进行的阅读教学方面的阅读。如温迪·雷瑟所著的《我为何阅读：探索读书之深层乐趣》、斋藤孝所著的《阅读的力量》《深阅读》、奥野宣之所著的《如何有效阅读一本书》、大岩俊之所著的《实用性阅读指南》等。必须承认的是，我国的很多教师在这方面的阅读意识和阅读实践都非常不够，当然，目前我国在这方面所推出的相关书籍也有限，这也是我们在全民阅读推进过程中需要引起高度重视的一个问题！

其次，我们再来谈谈教师阅读的方法类型。

除了大众阅读的一般方法之外，作为最天然、最合适的阅读推广者，教师阅读至少还包括以下几种方法类型。

检视性阅读

就是教师从甄别和把关的角度，对学生可能阅读的书籍内容进行阅读，并在分析判断的基础上，有选择性和针对性地为学生提供或推荐相关的书籍内容。具体来看，教师开展这种检视性的阅读，其主要目的有两个：一是对非经典书籍特别是新出版书籍的好次优劣进行甄别，确定哪些是学生应该读或可以读的，哪些是不应读或不宜读的；二是对经典书籍进行分析判断，确定不同年龄段或不同学生应该或适宜读的书籍，这也属于分级阅读的范畴。

示范性阅读

这主要是从具体的阅读体验和阅读方法而言的。就是教师通过自身阅读实践的呈现和示范，引导和帮助学生激发阅读兴趣、选择合理的阅读书籍和掌握基本的阅读技能。这种基于自身实践和体验的阅读示范，比单纯的口头发动和理论宣讲效果明显得多。笔者曾经在一些小学班级做过调查，结果显示，在那些老师特别是班主任或语文教师热爱阅读的班级，孩子们爱阅读、会阅读的程度明显高于那些相关老师不爱阅读的班级，这显然与教师有意或无意的阅读示范有关。

互动性阅读

就是教师和学生开展共读活动。这和我们曾经重点谈论过的亲子阅读极其相似。当然，共读既可以是教师和学生同时一起阅读（包括一起朗读、教师领读学生跟读等），也可以是教师和学生约定一段时间内阅读某本书或某些内容，但无论是哪种方式，师生阅读后的交流分享都是必不可少的，否则就谈不上互动性阅读了。只有互动交流，才能从内心深处强化体验、激发兴趣、促进阅读，这种强化与激发，不仅对学生重要，对教师也同样重要。

职场阅读

　　笔者曾经参加并深度了解过一所知名院校 MBA 学员的读书会，让人略感遗憾的是，这个读书会推荐学员们阅读或组织大家分享交流的书籍，几乎全部是与职业发展、员工管理、技能提升等商业管理直接关联的书籍，很少涉及人文社科、文学名著、金融科技和教育等其他方面的书籍。

　　需要说明的是，笔者并不反对 MBA 读书会去组织阅读这些与商业管理直接关联的书籍，也并不否认阅读这些书籍对于这些职场人员的意义所在。笔者想说的是，对于职场人员特别是对于有着远见追求的职场精英来讲，支撑和助推你成功的除了具体的管理技巧、营销技能等要素之外，还有你的远见、视野、格局和思想及其表现（这些也是我们前面谈到过的阅读间接输出的内容），有时候，后者的决定意义甚至胜于前者。从阅读输入与阅读输出的关联性来讲，我们想要什么样的输出表现，自然就需要在什么样的输入方面下功夫。所以，笔者强烈建议，职场人员的阅读意识和阅读书单里，除了有这些与商业管理要素直接关联的、看起来非常"有用"的书外，一定还要有领域更广的、看起来"无用"的其他方面的书。

　　关于这一点，笔者想通过所访问的一位职场成功人士的经历与感受来和大家交流下。此人士是一位国有大型企业的省级公司销售团队负责人，主要面向各部门、单位提供信息化的行业解决方案。除了对自己所从事的信息服务专业喜欢深究外，他还有一个非常明显的特点，就是爱好广泛的阅读，从历史到哲学，从教育改革到金融动态，从国内到国外，从正史到野史，他都广泛涉猎。正是这个广泛阅读的习惯和什么都懂得一些的特质，给他的客户服务工作带来了巨大的方便和好处。他说，他几乎每次走访客户时都能与客户迅速拉近距离，只要是客户关注的和感兴趣的，他都能很好地与客户谈到一块去并进行深入探讨。专业的基础，优质的服务，加上他与客户几乎无所不能的沟通，让他深得用户的信赖和欢迎，也为他赢得了源源不断的业务大单。

另外，就企业内部管理而言，职场人士需要的也绝不仅仅是所谓的高超的管理艺术和简单的员工驾驭之术。"最高的管理艺术和管理技巧就是把人当人看"，这是笔者在很多时候都说过的一句话，听起来有些偏激，但细想不无道理。其实，要真正做到这点是很难的，需要我们对人和人性的很多东西有深刻的认识和感悟，而要获得这些认识和感悟，则是需要通过大量而广泛的阅读和实践积累起来的。

这里，笔者也不妨给大家推荐几本适合职场人士广泛阅读的书。一是由戴尔·卡耐基所著的《人性的弱点》，二是由吴晓波所著的《激荡三十年：中国企业》（上下册），三是由吴国盛所著的《科学的历程》，四是由沃尔特·艾萨克森所著的《史蒂夫·乔布斯传》，五是由弗里德曼所著的《世界又热又平又挤》，六是由刘锋所著的《崛起的超级智能：互联网大脑如何影响科技未来》。

盲人阅读

据统计，我国目前大约有 1700 万视障人士，同其他非视障人员可以通过眼睛全方位了解和观察世界相比较，这些视障人士可能更需要通过书本来了解和感悟这个世界。从这个层面来讲，如何帮助盲人阅读，不仅事关盲人的快乐和幸福，也事关社会的公正与平等。那么，盲人阅读怎么实现，盲人阅读的未来又在哪里呢？或者说，我们推动与服务盲人阅读的方向和重点又在哪里呢？

从现实和可预知的情况来看，盲人阅读的主要方式与方向有以下四种。

第一种是直接阅读盲文书籍。

所谓盲文，又称凸字、点字，是专为盲人设计、靠触觉感知的文字，它最初由法国盲人路易·布莱尔于 1824 年创造。所谓盲文书，则是以盲文为主体制作而成的书。尽管对于盲人来讲，盲文书显得很直接、直观，但在现实中却存在两个明显的问题和不足。一是盲人书制作成本高、价格贵，所以我国每年出版的盲人书非常有限。二是书体大、携带很不方便，以一本 32 开 200 页左右的普通书为例，如果制作成盲文书，至少有 6 本左右。正是基于这些问题和不足，直接阅读盲文书籍对于盲人来讲实际上是件非常困难的事情。

而从盲人阅读推广和服务的角度来看，显然也不是方向和重点所在。

第二种是通过盲人阅读器来阅读。

这种方式最大的好处就是不需要传统的盲文书籍，只要把盲人阅读器放在普通书本的文字上面，它就能够扫描文字并将其转换为盲文供盲人阅读，如果盲人不会盲文也没有关系，阅读器还可以将扫描的文字转换成语音让盲人听读。笔者认为，通过这种盲人阅读器来阅读的方式，应该是当前和未来较长一段时间内盲人阅读的主流和方向，加快这种阅读器的研发和推广也理应是我们当前服务和推进盲人阅读的一大重点所在。

第三种就是语音听读。

这也是现实生活中运用最广泛、最需要大力推广的盲人阅读方式，这里面自然也包括了上面所提到的通过盲人阅读器转换成语音进行听读的情形。盲人采用语音听读的方式进行阅读，和普通人进行听读并没有什么根本不同，其所需要的听读工具与普通人所需要的听读工具也基本一致。需要注意的一点就是，无论是专门的电子阅读器，还是语音阅读软件，在设计和服务输出时都要考虑盲人阅读的因素，提供语音查找和语音点读的功能。在信息化和智能化快速发展的今天，要做到这点并不难，关键在于我们要有为盲人阅读服务的这个心。

第四种就是脑机的智能输入阅读。

简单地说，就是如同把移动硬盘里的东西输入电脑里一样，直接将书本的内容"拷贝"到人的大脑即可。尽管这种方式目前还处于一种理论探索阶段，但随着人工智能的快速发展，这种可能未必就不能实现。一旦实现，也势必为盲人阅读和盲人学习提供了最为方便和强大的方式。当然，那将又是怎样的一种阅读体验，我们现在还无法确切知晓。

　　同普通人相比较，盲人阅读的推广和服务难度确实要大很多，但再难我们也不能回避，也要积极向前。值得高兴的是，随着我国公共文化事业的不断发展，国家近些年来已经开始越来越重视盲人阅读的推广和服务工作，其中由中宣部、文化和旅游部、财政部、新闻出版广电总局和中国残联共同推进的"盲人数字阅读推广工程"也已正式启动。我们有理由相信，未来我国盲人阅读的推广和服务，一定会为我国全民阅读事业的发展增添特殊的亮色和意义。

服刑人员阅读

在所有特定的阅读群体中，服刑人员是比较特殊的一个群体，但也是一个不得不说、非常重要的一个群体。

一般来说，服刑人员是指因刑事犯罪被人民法院判刑后投入看守所或者在监狱、劳动改造场所和其他管教场所接受改造的人员。《中华人民共和国监狱法》第2条规定，被判处死刑缓期2年执行、无期徒刑、有期徒刑的罪犯，在监狱内执行刑罚。

对服刑人员进行改造，关键在于改造其心，在于改变改善其心智与思想观念，在于培养和优化其社会化人格。雨果说"书籍是造就灵魂的工具"。对于服刑人员内心的改造，除了大家所熟知的劳动改造和一般性的教育改造方式之外，阅读也应该成为服刑人员一种不可忽视甚至非常非常重要的改造手段。广义地讲，阅读也属于教育改造的范畴。但非常遗憾的是，这块我们现在做得还不够，无论是在重视方面，还是在组织方面。所以，在笔者所开展阅读推广活动的初始阶段，当时首先想去进行推广的群体就是在监狱的服刑人员。

关于在服刑人员中组织开展阅读活动，既是最容易的一件事情，也是最难的一件事情。说容易，是因为服刑人员的日常活动（包括活动场所、活动时间、活动内容等）大多数是可控的，将阅读活动作为一项重要的活动安排进去并不算难。说难，是因为大多数的服刑人员文化素质相对较低，也没有什么阅读兴趣和阅读习惯，硬生生地让他们去阅读确实很难，况且服刑人员的活动场所有很多特殊的规定。但世界上本来就没有什么容易的事情，通过推广阅读改造服刑人员，再难其实也值得做！

在基本阅读能力具备的前提下，对服刑人员的阅读引导和推动，首先在于激发起他们的阅读兴趣。在关于阅读兴趣该如何激发和培养的话题中，我们曾经给大家提供过四种可行的办法。但对于服刑人员来讲，其中所提到的"契合需求阅读介入法"可能是最为有效的，因为任何一个服刑人员，在其痛苦抑或麻木的表象之下，其实都有颗需要舒缓、释放和寻找另一种出口的心，这个时候，如果能够有意识引导其阅读一本或几本能帮助其缓解压力、解开心结、渡过难关的书的话，其很可能就会因此而爱上读书，一旦其走上了自我阅读的道路，也就走上了自我改造的道路，而这种基于自我阅读的自我改造方式，比起有组织、被动的劳动改造，效果可能要好得多。

在组织和推动服刑人员开展阅读活动时，引导和帮助其阅读什么样的书是非常关键的，如果阅读的书籍不当，不仅不利于改造，还会负面影响其改造。除了上面所提到的基于阅读兴趣激发的有针对性的书籍之外，从面上来看，比较适合服刑人员阅读的书籍主要有四类：一是优化思想认知和矫治心理健康的书，二是反映在困难和挫折面前奋勇向前、创造生活与人生奇迹的传记类书籍，三是有关法律与道德方面的书，四是一些工具、技能与消遣方面的书。尤其是第二类和第三类书籍，应该让服刑人员多读一些。这里，笔者也介绍几本比较适合服刑人员阅读的书籍，如斯蒂芬·埃德温·金所著的《肖申克的救赎》、余华所著的《活着》、朴槿惠所著的《绝望锻炼了我：朴槿惠自传》、海伦·凯勒所著的《假如给我三天光明》，当然，还有中国的四大名著。

最后还想多说一句的是，通过阅读来改造服刑人员真不是一句套话空话，打开互联网，如果有心，我们就会发现很多服刑人员通过阅读改变态度、精神和行为，奔向人生新彼岸的例子。

Part 6

全民阅读

在本部分中，你将重点了解到：

- 为什么要高度重视全民阅读？

- 全民阅读的推动和组织，当前有哪些重点、关键点和主

  要着力点？

什么是全民阅读

关于全民阅读，这些年大家提得比较多，但究竟什么是全民阅读，其特征是什么，外延有哪些，目前似乎还没有一个统一和权威的说法。

一般来说，全民阅读是指一个国家或地区内绝大多数成员均表现出较强的阅读倾向且经常性开展阅读。静态来看，全民阅读是一个国家或地区内成员阅读状态的总体呈现；动态来看，全民阅读则可以理解为一个国家或地区对于阅读的重视、推动以及基于此的可预期的良好趋势。

在笔者看来，全民阅读具有三个显著的特点。

一是普遍性。首先是阅读成员的多数性，即具有较强阅读倾向且经常阅读的成员在总人口数中是多数而非少数，而且从趋势来看，这个占比会越来越大。其次是阅读群体构成的广泛性，即阅读成员来自不同阶层、不同地域、不同领域、不同性别和不同年龄段，当然，在不同阶层、不同地域、不同领域、不同性别和不同年龄段内阅读的程度和特点会有不同。

二是自发自主性。成员对于阅读的倾向和具体的阅读实践是自发的，且具有较强的自主性。在笔者看来，自发性和自主性构成了全民阅读的内在特点和本质属性。当然，这与科学合理的阅读引导和推动并不矛盾。

三是社会性。尽管全民阅读具有自发和自主的内在特点，但国情不同、社会发展水平不同，社会治理形态不一样，社会成员在阅读权利的保证上、阅读条件的支撑上、阅读引导上和表现特点上都会存在差异。

一个民族、一个国家的总体精神境界，在很大程度上取决于这个民族、这个国家成员的阅读水平。而一个国家、一个地区全民阅读的总体水平又是与这个国家、这个地区的经济社会发展水平和文明程度息息相关的。就我国而言，大力推动全民阅读，对培育和践行社会主义核心价值观、提高国民思想道德素质和科学文化素质、增强国家文化软实力、实现中华民族伟大复兴中国梦都具有重要意义。

为什么要把全民阅读纳入国家战略

近些年，不少有识之士呼吁将全民阅读纳入国家战略。笔者多年前也曾专门呼吁，建议将全民阅读提升至国家战略进行统筹部署和大力推进，这些年也一直在极力呼吁并做些力所能及的推动工作。但实事求是地讲，关于全民阅读的推进，社会上也有不同的声音。特别是有些人认为，阅读就如同吃饭穿衣一样，纯属个人的事情，还需要上升到国家层面去大力推动吗？

笔者的观点是：阅读不仅仅是个人的事情，也是民族之大事、国家之大事，怎么重视、怎么大力推动都不为过，将全民阅读上升为国家战略有必要，也正当时。

前面我们谈到过，阅读关乎个人的生存生活，关乎个人的人格养成，关乎个人的健康与幸福，是每个人不可忽视的大事情，既然是人民的重要事、大事，那自然要成为国家的重要事、大事了。

除此之外，我们还应从更大的视野、更高的高度来看待这个问题。

首先，全民阅读是传承优秀传统文化最重要的方式。中华文化博大精深、源远流长，仅靠少数专家学者去研究去传播断然是不行的，最有效、最可能的方式就是动员和组织广大人民群众去阅读，通过阅读优秀经典著作，帮助大家学习、了解、传承和创新民族优秀传统文化，坚定文化自信。

其次，全民阅读也是吸纳人类一切文明成果的重要途径。从古希腊到文艺复兴到现当代，从亚里士多德到莎士比亚到马克思、恩格斯，人类产生了许许多多伟大的思想家、文学家和艺术家，他们的思想、他们的智慧、他们的追求，都蕴含在他们伟大的著作之中，兼收并蓄的民族胸怀和开放发展的中国，都需要鼓励、推动和支撑广大人民群众去阅读这些著作。

最后，全民阅读也是提高我们共产党人治国理政水平最重要的途径。"历史是最好的教科书"，我们共产党人要不断提高治国理政的水平，不仅要充分运用中华民族数千年来积累的伟大智慧，也要积极借鉴世界各国成功的治理经验。要实现这两点，最重要的途径就是读书学习，特别是阅读那些反映中外优秀文明、记录历史事实、总结历史规律的书。说到治国理政，笔者认为，全民阅读还是促进社会法治建设最重要的依托。因为无论是广大民众法治信仰的建立，还是法治队伍的建设，都需要去阅读那些反映人类法治文明的优秀书籍，从中汲取中外法律文明的精华和精髓，关于这一点，我们前面曾专门论述过。

当然，如果仅仅是因为全民阅读重要就觉得应该把全民阅读纳入国家战略的话，似乎有些不当，因为凡事还有个前提。如果一个国家民不聊生、动荡不安，连吃饭都成问题的话，即使阅读再重要，自然不会也不能搞什么全民阅读战略。但是，在中国特色社会主义进入新时代、竭力满足人民群众对美好生活的向往已经成为时代主题的背景下，在经济基础和物质条件已经基本具备的条件下，将全民阅读纳入国家战略加以大力推进已具有现实的必要性和可能性。

可喜的是，近年来，我国高度重视全民阅读工作。在中宣部、中央文明办、文化和旅游部、国家广播电视总局、教育部等多个部门的共同倡导和推动下，全民阅读推广活动这些年也在全国各地得到了蓬勃发展，全民阅读正逐步成为国家战略。

统筹推进全民阅读

近年来，我国在推进全民阅读上做了大量的工作，也取得了不错的效果，但整体上看，仍然存在阅读氛围不够浓、人均阅读量偏低、阅读内容不够合理、阅读基础条件不平衡、阅读推进生态建设有待进一步加强等问题。

全民阅读的推进是一项重大的系统工程，需要系统部署、统筹推进。对此，笔者认为可以从以下几个方面入手和努力。

强化顶层设计和总体部署。可以从目标牵引、政策支撑、宣传组织、资金保障和各类社会资源的整合等方面进行统筹安排，强力推进全民阅读。同时加快全民阅读的立法步伐，通过立法来保障、支撑和推进全民阅读。非常令人高兴的是，2020 年中央宣传部印发的《关于促进全民阅读工作的意见》就对相关内容进行了具体的明确。该"意见"明确，到 2025 年，通过大力推动全民阅读工作，基本形成覆盖城乡的全民阅读推广服务体系，全民阅读理念更加深入人心，活动更加丰富多样，氛围更加浓厚，成效更加凸显，优质阅读内容供给能力显著增强，基础设施建设更加完善，工作体制机制更加健全，法治化建设取得重要进展，国民综合阅读率显著提升。"意见"还专门提出了全民阅读工作的重点任务，包括加大阅读内容引领、组织开展重点阅读活动、加强优质阅读内容供给、完善全民阅读基础设施和服务体系、积极推动青少年阅读和家庭亲子阅读、保障特殊群体基本阅读权益、提高数字化阅读质量和水平、组织引导社会各方力量共同参与和加强全民阅读宣传推广等。意见同时还要求，加强组织领导，建立党委宣传部门牵头负责的全民阅读工作联席会议制度，形成工作合力。

在国民经济和社会发展统计公报中增加全民阅读相关内容。 全民阅读是个人人格塑造和社会精神文明建设最重要的组成部分，全民阅读与全民健身一起，从心灵、身体两个方面组成了人的健康发展的核心内涵，但一百以来，我国每年的统计公报中却鲜有提及过全民阅读及全民阅读推进情况，而全民健身情况却每年都有体现。很显然，作为与全民健身同等重要的全民阅读在年度统计公报中没有体现是不妥的，理应增加这部分的内容。这些全民阅读的相关内容可包括人均阅读量、阅读基础设施建设情况和民众阅读满意率等等。

设立全民阅读基金。 为积极有效推进我国全民阅读，有效弥补在全民阅读基础设施建设和推进方面的资金投入不足，可以考虑设立全民阅读国家基金，并逐步推广到各层级各领域，形成多层次、多纬度、形式灵活的全民阅读基金。事实上，设立全民阅读基金，也是世界很多国家的通用做法和成功经验。例如英国 1992 年成立了图书信托基金会，德国 1988 年成立了德国促进阅读基金会，俄罗斯 1994 年建立了俄罗斯读书基金会。

强化全民阅读的研究和引导工作。 可以依托高校、图书馆和其他相关社会机构，做好我国全民阅读的统计、分析、研究工作，为全民阅读推进工作提供理论参考、决策依据，引导和帮助广大民众知好书、选好书、读好书、会读书。

建立社会协同推进全民阅读的机制和平台。可重点动员和组织房地产商、城乡基础设施建设单位、信息化建设运营企业、公共服务组织等各类社会力量，大力推进公共图书馆、社区图书室、农村图书室和电子阅览室等全民阅读基础设施建设，重点培育和扶持一批提供全民阅读的综合性、特色类书店和连锁机构。同时充分利用信息化手段，建设面向公众、呈现经典的电子公共阅读和分享平台。

加大公共阅读场所特别是公共图书馆（包括学校图书馆）的实质性对外开放力度。让广大民众证易办、门易进、书易借，为更多民众走进公共阅读场所阅读提供条件和便利。

大力支持相关阅读促进组织的建立和发展。引导和帮助有关阅读组织更好地开展读书促进活动，让他们在促进社会多读书、善读书、读好书方面的作用得到更好的发挥。

抓住全民阅读推进的突破口

这些年来，每年"世界读书日"前后，我国从上到下都会组织开展各种各样的全民阅读推广活动，尽管也取得了不错的效果，但冷静分析，依然存在活动形式重干内容、效果低于预期的问题。究其原因，最主要的一条就是国民的阅读兴趣激发和培养不够、阅读习惯没有整体养成。鉴于此，在通过立法保障、政策支撑、资源整合、多维协同等方式整体推动全民阅读的同时，在具体的阅读推广实践中应牢牢把握"国民阅读兴趣培养、国民阅读习惯养成"这一重要突破口，精准和重点发力，全面提升国民想读书、爱读书、读好书的内在驱动力。笔者以为，围绕这一突破口，我们可以做如下方面的努力。

强化阅读及阅读养成研究

阅读兴趣的培养和阅读习惯的养成，不仅是个长期的过程，也是门很深的学问。通过什么样的模式和方式，通过什么样的切入点来激发和培养国民的阅读兴趣，让国民形成阅读自觉，都是有规律可循的，都是需要认真研究并在此基础上进行科学引导的。可以以高校和其他科研院所为依托，建立一批全民阅读的专门研究机构，为国民阅读兴趣的培养和习惯的养成提供科学的途径与方法。

强化荐书的针对性和实效性

通过推荐好书，让国民在阅读好书的实践中爱上读书，这是培养国民阅读兴趣、推进全民阅读很重要的方式和途径。但现实的情况是，各种荐书活动太多、太杂，甚至有点乱，搞得民众有些不知所措。因此，在鼓励形式多样的荐书活动的同时，应引导和强化荐书的针对性与实效性。其中，可以尝试在国家层面开展"国家荐书"活动，定期向国民推荐反映世界和中华文明的优秀书籍，在此基础上，同步开展各层次、各领域的权威荐书活动，通过阅读体验，激发国民的阅读兴趣。

实施儿童阅读计划

阅读兴趣的培养和阅读习惯的养成，关键在童年阶段，一旦童年阶段养成阅读习惯，超过85%的人会将这一良好习惯带到成年阶段。因此，国家可以从政策制定、教育设计、资源保障等方面大力推动和支撑儿童阅读，甚至可以考虑实现国家层面的"儿童阅读计划"，将儿童阅读纳入国家层面和法律层面予以保障和促进。

培养阅读辅导和推广的专业人才

阅读和健身一样都是国民重要而不可或缺的生活行为，一个是健心，一个是健身。但与健身到处都是专业的辅导和推广人员完全不同的是，除了学校的基于专业的辅导外，现在全国专业的阅读辅导和推广人员却很少。教育部门可以考虑将阅读辅导与推广专业纳入人才培养的专业体系，并通过各种引导和强化，实质性地支持和推动阅读辅导与推广人才的培养与建设。

开展卓有成效的阅读推广活动

通过开展"阅读与成才""阅读改变人生"等主题论坛与征文，通过典型的现身说法和推动，通过组织阅读体验与分享，让国民真正感悟、体验阅读的好处，从而爱上阅读，养成阅读习惯。

全民阅读要不要立法

近几年来，有关全民阅读的立法进程得到明显加快，无论是在国家层面，还是在地方层面，有关促进全民阅读的条例、办法陆续出台。但即便如此，对于全民阅读立法，在许多民众和部分专业人士中，还是有不同的认识和看法。那么，全民阅读立法到底有没有必要呢？

这个还得从立法的基本价值追求和目的说起。通俗来讲，立法的目的主要体现在两个方面，一是禁止性的，二是保障性的，但在具体的立法实践中，这两个方面的侧重点会有所不同。在笔者看来，当前，我们推动全民阅读立法，主要是保障性的，就是进一步保障公民的基本阅读权利，进一步改善公民的阅读条件。

笔者一直以为，阅读的权利是公民最基本、最重要的权利之一，在一个文明发展的社会，这个权利必须得以保障。阅读是一个人摆脱愚昧无知、了解人类文明发展最为重要的途径，也是一个人丰富自我思想和精神世界的重要方式，如果这种阅读的权利得不到有效的保障，其将难以摆脱"四肢发达、头脑简单"的生活质态与命运。全民阅读立法，就是要从阅读权利的进一步明确上，从阅读条件的改善上，从阅读内容与阅读服务的供给上，从特殊群体和特殊地区的照顾上，从各级政府相关职责和阅读推进目标的明确上，对公民的阅读权利予以进一步的保障。如果能够以立法的形式来保障公民阅读权利、促进全民阅读，也能进一步彰显国家对全民阅读的高度重视，同时也是将全民阅读提升到国家战略最为重要的体现。

再回到我国的现实情况来看，尽管这些年我国国民阅读状况已经得到了很大的改善，但人均阅读量偏低、阅读质量不高和不平衡不充分的问题仍然比较突出。在我国社会主义已经进入新时代，在如何满足人民日益增长的美好生活需要这一重大问题背景下，通过全民阅读立法，进一步推动全民阅读，不断丰富广大民众的精神生活，意义尤为重大。

事实上，通过全民阅读立法来保障和推进全民阅读，也是很多国家的通行做法，例如韩国 1994 年制定了《图书馆及读书振兴法》，美国 1998 年颁布了《卓越阅读法》，日本 1999 年通过了《有关儿童读书年的决议》，等等。

阅读空间的打造

　　阅读空间是指阅读实践所依托或需要的环境空间，如图书馆、阅览室、书店书吧和网上查阅与交流空间等等。在笔者看来，阅读空间有狭义和广义之分。狭义的阅读空间是指支撑和服务阅读行为实施的基本场所，侧重于物理空间。广义的阅读空间则既包括支撑阅读行为实施所需要的物理环境，也包括服务阅读行为实施的文化环境；既包括硬空间，也包括软空间。良好的阅读空间不仅能为个体阅读实践提供必要的条件和保障，也能为全民阅读的推进营造积极的氛围。

　　从支撑服务对象的属性来看，阅读空间可以分为公共阅读空间和私人阅读空间，其中，按照地域属性来看，公共阅读空间又可以分为城市公共阅读空间和农村公共阅读空间。从形态属性来看，阅读空间则可以分为线下阅读空间和线上阅读空间。

　　阅读空间的打造，特别是公共阅读空间的打造，不是个简单的事儿，是个复杂的系统工程，很有讲究。这里，我们重点说说城市公共阅读空间的打造和农村公共阅读空间的打造。

城市公共阅读空间的打造

随着近些年来全民阅读的大力推进和城市公共文化服务设施的不断丰富，城市公共阅读空间得到了较快的发展。但与此同时，我国城市阅读空间的建设拓展和运行使用也面临许多新的挑战，突出表现在各类阅读空间如何进一步提高其便捷性和吸引力的问题。笔者认为，新形势下我国城市公共阅读空间的打造需要重点从以下方面入手推动创新发展。

首先是公共图书馆的服务转型。 公共图书馆是大众阅读服务、全民阅读推进的重要阵地，也是衡量城市文化发展的基本标尺之一。当前我国公共图书馆不仅服务对象的数量比较少，对象也相对单一，笔者曾经在自己所生活的城市做过一次抽样调查，调查结果显示，有75%以上的市民最近3年没有去过一次公共图书馆。对此，笔者认为需要从四个方面推动公共图书馆的服务提升与转型：一是在服务理念上实现从"以书本为中心"向"以读者为中心"的深度转型；二是通过阅读供给的优化、借还手续的简化、阅读推广活动的强化等具体措施，进一步方便和吸引更多的市民前往图书馆。这其中，建立以读者为中心的信息发布和共享平台、实现超级方便的"通借通还"借阅服务是关键。三是通过委托、联办等方式，在大型城市综合体、人口密集的园区、规模较大的社区等公共服务场所建立"分馆""分店"，将图书馆的资源和服务延伸到更多的老百姓面前。这其中，图书馆如何与各类社会资源开展合作运营和公益合作，以及政府在公共文化服务项目上的投入支撑是关键。四是全面加大图书馆的阅读推广力度。这其中，加强阅读推广志愿者队伍的建设并依托这些志愿者开展广泛的全民阅读推广活动是关键。

其次是实体书店的创新发展。 随着网络购书的兴起和大众文化消费特点的变化，实体书店传统的经营模式面临巨大的挑战，必须通过创新才能获得新的发展。从目前的情况来看，打破业务边界、实现融合发展已经成为实体书店创新发展的基本趋势。其基本特点就是在图书经营中融入美食饮品、上网休闲、文创产品和亲子活动等元素，实现业务的"混搭"和服务的拓展延伸。这种情势，既是传统书店适应新形势的被迫之举，也是新型阅读空间和新型文化空间发展的有益探索。当然，对照公共阅读空间的基本要义和功能定位来看，这种业务打破和要素融合的边界在哪里以及如何把握，也是值得我们去继续关注和认真思考的。

最后是社区阅读空间的布局与运营。 笔者一直认为，社区阅读空间的打造是城市阅读空间总体布局和全民阅读氛围营造的重点所在。但在这块，目前的情况似乎并不太理想。一方面，很多社区根本就没有所谓的社区阅读室；另一方面，即使有，经常去的居民也不多。怎么办？个人认为可以在两个方面进行尝试与突破。一是在公共经费有保障的前提下，引入社区阅读空间的连锁化建设与服务。据笔者观察，现在在不少城市已经出现了可以提供社区阅读空间的建设与服务一揽子解决方案的连锁机构。此外，我们前面所提到的公共图书馆的下沉和延伸也不失为一条可行的途径。二是着力打造小区阅读空间。相较于社区阅读室，小区阅读空间更靠近居民，存在形式和运作方式也更为灵活，具备长期运行的条件与可能。在空间形态上，既可以是专门的阅览室，也可以是自由的阅读角，甚至是形式更为灵活的嵌入阅读与阅读交流元素的小区文化活动室。在设置投入上，既可以采取居民众筹共建的模式，也可以由开发商布局和建设。特别想说的是，小区（楼盘）的开发商完全可以将阅读空间和文化活动空间的布局建设作为提升小区（楼盘）品质的重要内容予以统筹考虑，就如同在小区（楼盘）内配置相应的体育锻炼设施一样。在管理运行上，既可以由居民众筹（类似于物业）聘请专人甚至专业机构负责，也可以采用居民轮流值班或志愿值班的模式。

此外，分布于商场、楼宇、公园、机场、地铁站等城市各个部位的大小不一、形态各异的阅读空间，也犹如延伸的文化毛细血管一样，构成和丰富了城市阅读的体系。在这方面，值得重点关注的是这几年来一些城市布局的 24 小时自助书屋，从效果上看，这些自助书屋的效果并不尽如人意，未来会怎样发展，值得关注和研究。

农村公共阅读空间的打造

与城市公共阅读空间相比，我国农村公共阅读空间的布局与发展还处于起步阶段。总体上看，当前我国农村公共阅读空间形态主要体现于农家书屋和村级文化活动室，尤其是农家书屋。但从现实来看，农家书屋在各地的运行状况总体上也并不乐观，而且非常不平衡，有的运行良好，有的难以为继，有的则是名存实亡。如何运行维护好、使用好甚至发展好农家书屋，已经成为我国农村公共文化事业发展中存量激活所面临的一道难题，需要从体系和机制上进行完善和创新。随着我国乡村振兴战略的实施，包括阅读空间打造在内的农村公共文化设施的建设与运行也必将迎来新的机遇和发展，但如何做好顶层设计，如何结合农村的核心痛点和需求点实事求是地予以推进，这些都是需要我们重点去研究、去探索、去实践的。其中，除了上面所谈到的农家书屋和农村文化活动中心的激活与创新之外，基于阅读推广的农村科普和农民"扶智"、城市公共服务产品向农村的有效下沉等都是重点所在。

阅读分享会的组织

阅读分享会是我们经常会谈到或参加的一种活动形态，其既是个体阅读体验延伸和深入的重要途径之一，也是阅读推广的重要组织形式之一。

阅读分享会的分类

从有无具体的主题而言，阅读分享会可以分为有主题阅读分享会和无主题阅读分享会两种。这里所讲的主题既可以是指某本书或者某个系列的书籍，如《平凡的世界》阅读分享会、刘慈欣科幻系列阅读分享会和古希腊经典名著阅读分享会等，也可以是不局限于某本书或者某个系列书籍的某个具体的主题，如有关爱情的主题阅读分享会、有关德性的主题阅读分享会、有关责任的主题阅读分享会等。一般来说，阅读分享会都是有主题的。

从有无主要分享嘉宾而言，阅读分享会可以分为有主要分享嘉宾的阅读分享会和无主要分享嘉宾的阅读分享会两种。如果有主要分享嘉宾，主要分享嘉宾既可以是一个，也可以是几个，但一般不要超过4个。从实践来看，我们参加或组织的阅读分享会一般都是有主要分享嘉宾的。

从具体的组织形式来看，阅读分享会既可以是线上的，也可以是线下的。相比较而言，线下的阅读分享活动比线上的阅读分享活动显得正式一些，组织起来也劳神费力一些。

阅读分享会的组织步骤与流程

我们以线下的、有主题和主要分享嘉宾的阅读分享会为例，来谈谈阅读分享活动组织的基本步骤和流程。

首先是阅读分享会的组织准备。主要包括阅读分享主题的确定与发布、参加人员的确定与邀请、活动场地与氛围的准备等三个大的方面。关于参加阅读分享活动的人员，一般人认为应该是读过相关主题书籍的人，其实未必，那些还没有阅读过相关书籍的人，也是可以参加的，但人数最好不要超过总人数的三分之一。另外，分享主题最迟应该在活动组织的前一周通知和发布到位。

其次是阅读分享会的现场组织。一般可以设置为五个流程。

流程之一：主持人发表主持词，对本次阅读分享会的主题、参加人员和基本流程进行介绍，其中，对主要分享嘉宾要进行重点介绍。

流程之二：主要分享嘉宾进行主题分享。如果主要分享嘉宾有几个人的话，既可以采用嘉宾逐一分享讲解的方式进行，也可以采用主持人引导访谈的方式进行。

流程之三：其他参加人员分享心得。所分享的心得既可以是自己之前的阅读心得，也可以是在聆听主要嘉宾分享之后的心得。如果参加人员比较少，最好让每个参加者都能发言。如果是大型的主题阅读分享活动、参加人员比较多的话，可以通过主要分享嘉宾和其他人员互动的方式进行。

流程之四：深化式分享交流。就是主要分享嘉宾和参与人员在上述分享交流的基础之上，就一些热点话题和观点进行新一轮的分享交流。这个流程是阅读分享的渐进和深化，是非常有意义的，但由于时间的关系，在很多阅读分享会中往往是没有设置的。

流程之五：主持人总结发言。与其他会议和活动的总结不同的是，阅读分享会的总结一般不作结论式的发言，而是进行启发式、开放式的发言。从某种程度上说，阅读分享会的总结既是一个阅读分享阶段的小结，更是另外一个阅读体验阶段的提示与启动。

理想的阅读分享嘉宾

前面我们谈到过，阅读分享会一般都会邀请一个或者几个主要分享嘉宾进行主题分享。那么，哪些人是我们阅读分享嘉宾的理想邀请对象呢？这个恐怕是很多阅读分享活动组织者特别关心的一个问题。

在笔者看来，以下四类人员是阅读分享嘉宾的理想邀请对象。

一是著作者本身。对于一本好书的分享，如果我们能够邀请到作者本人来参加，那无疑是最为理想不过的了。但这种理想的状况在实践中往往难以实现，最为关键的一个原因就是很多好书，特别是那些经典流传的书，其作者本身就已经作古，邀请到著作者参与分享的前提就已不存在。即便是著作者仍然健在，但由于时间和其他方面的原因，能够邀请到的机会也不大。倒是有些新书出版后，有些著作者可能会在出版社和发行商的安排下进行一些推广活动，对于阅读分享活动的组织而言，这既是个邀请嘉宾的机会，但也存在商业痕迹过重或者作品质量本身一般的问题。

二是专家学者。对于大多数的经典好书，学界往往都会有一些学者专家进行深入研究。他们对于这些书本的理解和把握也往往比一般人要深刻得多。以《红楼梦》为例，在国内外就有一大批"红学"专家。如果能够邀请他们来进行相关的阅读分享，那自然也是非常不错的选择了。但在现实中，能够邀请到这些专家学者进行阅读分享的，主要还是在大学校园里和社会上大型的阅读推广活动中，对于一般的阅读分享活动，能够邀请到这些专家学者也是比较难的。

三是对阅读影响和改变人生有刻骨铭心体会的人。在我们以往的阅读调查中经常会发现，有相当一部分人就是因为阅读某些书而帮助他们度过了人生的迷茫或者艰难时期。他们之所以阅读这些书，或者是阅读爱好使然，也或者是机缘巧合的缘故。总之，他们对于阅读影响和改变自己有着刻骨铭心的体会。如果能够找到这些人来进行阅读分享，也是较好的选择了，而且相比上面两类邀请对象，这类对象的邀请应该容易得多。

四是阅读推广人。随着近些年全民阅读的大力推进，一些专职或兼职的阅读推广人开始出现并不断增多。这些阅读推广人普遍具有较为丰富的阅读经历和较为深刻的阅读体会，而且掌握了比较专业的阅读技巧，他们所进行的阅读分享，既具有较强的专业性，又具有较强的针对性，尤其适合推广类的阅读分享活动。

社区阅读推广

在阅读推广中，社区阅读推广将发挥越来越重要的作用，这是由社区及社区阅读的固有特点所决定的。一方面，社区是人口聚集的场所，有利于阅读活动的组织与推广。另一方面，社区中的人们主要以生活休闲为纽带，日常联系相对紧密，互动性也较强，这也为阅读活动的有效组织与推广奠定了基础。与其他公共场所的阅读活动不同，社区阅读与家庭阅读、儿童阅读密切相关，从某种程度上看，甚至可视为家庭阅读和儿童阅读的重要延伸。

思考社区阅读和社区阅读的推广，可以从当前和未来两个维度来分析和把握。

当前我国社区阅读和社区阅读的推广，主要以两种形态为主。一是以社区服务机构为主体开展的社区阅读服务与组织，具有半官方的性质。主要以在社区服务中心设立简单的阅览室为主要形式，就如同在社区中心设立医务室、理发室、文体活动室一样。这种社区阅读推广形态，场地和基本的存续没有问题，但阅读活动的组织和有效推广则相对缺失。我们在走访调查中就发现，一些社区阅览室的使用率并不高、人气并不旺。二是以小区内若干家庭为主体开展的小区阅读活动，纯属民间性质。这种阅读推广形态，主要以小孩的教育和阅读引导为主要目的，纽带性和活跃度在理论上要强过社区阅览室的阅读推广形态，但由于缺乏长效机制和可保障的固定场地，其阅读活动的组织能否持续有效，主要取决于主要牵头家庭和牵头家长的态度和动态情况，稳定性较为缺乏。总体上看，当前我国社区阅读的推广形势并不乐观。

那么，我国社区阅读推广与服务的出路又在哪里呢？笔者认为，关键在于其运营模式的创新。从国外的做法和我国一些地区的成功经验来看，专业化、连锁式的运营模式应是社区阅读推广和服务的发展方向。其中，同样包括两种基本的模式：一是推广的主体仍然是社区服务机构或者家庭联合体，但以购买服务、委托运营的方式交由专业化的阅读推广机构来负责日常的管理、服务和各类阅读活动的组织，社区服务机构或家庭联合体予以监督。这种模式相对比较单一，但需要社区或者家庭联合体提供必要的场地与费用。二是完全由图书馆、书店等以下沉社区的方式来开展阅读的推广服务，社区成员只是根据自己的需求接受阅读推广服务和参与相关的活动。这种模式下，运营者极有可能开展我们前面曾经谈论过的"混搭"运营，就是在进行社区阅读推广服务的同时，还会兼以低龄学生托管、简单餐饮服务和可能的物业服务等，"混搭"运营并不可怕，关键在于控制好其"混搭"程度、保持社区阅读推广服务的基本功能。这两种模式是否或者哪种模式会成为未来社区阅读推广的主流模式，它们又会和线上阅读推广如何进行有机的融合，等等这些都还有待我们进一步的观察。

农村阅读推广

　　美国著名的阅读研究专家吉姆·崔利斯认为"阅读是消灭无知、贫穷和绝望的终极武器"。大力推进农村阅读，对落实扶贫攻坚、实施乡村振兴具有重要意义。但同城市阅读状况相比较，我国农村的阅读状况不容乐观，既不充分也不平衡。如何积极适应新形势新要求，大力推进我国农村阅读，缩小城乡阅读鸿沟已成为当前我国全民阅读推进工作的一项重大课题和重要工作。

　　同城市阅读推进相比较，农村阅读推进有着其不可忽视的特殊性及内在要求。

　　一是资源保障的特殊性及内在要求。在阅读的推进上，无论是在阅读空间的建设与拓展上，还是在阅读资源的生产和阅读服务上，众多的出版发行机构、书店等都会遵循市场化的生存法则，把重点和注意力投向城市，从而轻视甚至忽视了广大农村，这样就会导致在农村阅读推进服务中通过市场化手段获得的资源会很少。如果没有政府的资源投入和强有力的推动，农村阅读资源的保障将很难得到实现。

　　二是需求满足的特殊性及内在要求。从现阶段来看，城市市民的阅读需求相对强烈和多样复杂些，且已形成了"实用性需求"和

"精神文化满足性需求"两者均衡甚至逐步向后者倾斜的局面，所以对城市市民而言，文学、艺术、历史、哲学、法律等方面的阅读内容供给需要越来越多的考虑。与此相对应的是，现阶段农村居民的现实阅读需求就相对淡薄和单一些，还处在"实用性需求"为主、"精神文化满足性需求"为辅逐步向二者均衡发展的局面，这就决定了我们在满足农村居民的阅读需求方面，现在还必须在农业知识、致富信息、休闲娱乐等方面重点下功夫，并注重他们其他阅读需求的引导和培育。

三是服务群体的特殊性及内在要求。当前我国农村仍然有相当大的一部分人不阅读或者甚少阅读，他们中有的是因为阅读条件差不能阅读，有的则是因为阅读认知低、没有阅读兴趣或不愿阅读。理论上，这个群体就是我们下一步农村阅读推进服务中的重点对象，但考虑到这个群体的规模仍然比较大、数量比较多，且推进农村阅读的资源有限，我们还需进一步聚焦重点，把那些可塑性强、对家庭和社会影响相对较大的儿童和45岁以下的家庭妇女作为农村阅读推广和帮扶的重中之重。

四是农村阅读推进中模式方式的特殊性及内在要求。由于在思想认知、需求层次、人口布局、经济条件、生活方式、资本运作、公共设施等方面存在巨大的差异，同城市相比较，在农村推进阅读，在模式和方式方法上，都不能一样，必须根据不同的特点采取不同的策略，否则，就不可能取得理想的效果。例如，在阅读场所的拓展使用上，城市可以重点建设和重点发挥中大型图书馆、连锁书店等聚集型公共场所的基地与辐射作用，采取大规模、大投入的"阵地战"，但在农村则需要重点依托农家书屋、中小学等分散性场所，采取多点渗透、深耕细作的"游击战"。

同城市阅读推进相比较，我国农村阅读推进更加难以实现"软着陆"，当前仍需"硬推进"。这种推进可以从以下五个方面着力。

一是明确总体目标，科学引领农村阅读的大力推进。这些目标内容应从阅读群体扩大、阅读生态建立、阅读条件改善、总体水平提升等多个方面予以具体明确。

二是强化政府职能，从组织和经费上保障农村阅读的系统推进。包括从促进经济社会发展的战略高度，把农村阅读推进作为重要的农村公共文化事业和教育事业，从制度上、组织上、资源上和重点举措上予以保障等。

三是建立健全后续运行机制，进一步巩固拓展农家书屋功能。鼓励和吸引社会资源，多方联动长效支撑农家书屋的运行，农家书屋也可以与地方图书馆、学校、党员活动室等进行纵向联动和横向融合，分摊运行成本，拓展使用功能。

四是聚焦特殊群体，开展农村儿童阅读帮扶行动。包括设立农村儿童阅读帮扶基金、大力支持各类农村儿童阅读帮扶志愿者队伍的组建和开展工作、推动教育部门在农村学校配置、培养专门的阅读指导教师等。

五是整合各类资源，搭建农村阅读信息平台。整合和利用文化、教育、宣传、出版、发行、图书馆、通信运营商、新媒体运营商等各个领域和各个机构的相关资源，搭建统一的、面向农村的阅读信息服务和共享平台。

我们到底需要什么样的荐书

随着国民阅读氛围的日渐浓厚，社会上各类荐书平台和荐书活动也应运而生，可谓层出不穷、五花八门，颇有些让人应接不暇。打开网络，几乎随处可见类似于"影响人生的××本书""年轻人必读的××本书""年度××大好书""××推荐的××本书"的各类荐书。

应该说，这些各式各类、日渐增多的荐书，在一定程度上对民众阅读起到了较好的引导和帮助作用，但由于这些荐书活动在荐书内容、荐书形式、荐书节奏上的欠缺和所荐书目的良莠不齐，其实际效果与广大民众的实际需要形成了较大的差距。湖南大学中国全民阅读研究中心联合开展的一项调查结果就显示，对于"如果你想多读一些好的书籍，你觉得你最需要的帮助是什么？"的问题的回答，在接受调查的 4097 位民众中居然有 2221 人选择了"希望有人引导和推荐相关的书目"，占比高达 54.2%，这也充分反映了广大民众在荐书上的急切需求与社会荐书效果不佳的现实矛盾。

那么，广大民众到底需要什么样的荐书，我们又该如何真正地做好荐书呢？

首先，对荐书的目的和出发点要有客观的认识，开展针对性地荐书。

笔者以为，从整体上看，荐书的目的和出发点包括两个不同的方面：一是旨在激发民众阅读兴趣、培养民众阅读习惯；二是旨在为民众介绍好书新书。对象不一样，我们荐书的出发点和目的就不一样，荐书的内容和形式也应不一样。如果我们荐书的对象是那些本身阅读兴趣不浓、阅读习惯还没养成的民众，我们就应该给他们多推荐和提供一些易读易懂、可读性强、能够起到"药引子"作用、能够激发他们阅读兴趣的书，引导他们逐步养成阅读习惯，爱上阅读。如果荐书的对象是那些已经养成阅读习惯的民众，我们就应该适时给他们推荐和介绍各种好书和新书，既包括已经出版过多次的经典好书，也包括新近出版的好书，以满足他们对"有哪些好书新书"的需求，所推荐的书也可以相对有深度一些。目的不明确，对象不区分，我们荐书的针对性就不强，荐书的效果也就会大打折扣。

其次，对荐书的内容结构要有正确的取向，开展科学荐书。

阅读是影响人、改变人、塑造人最好的途径和方式，习近平总书记就说"读书可以让人保持思想活力，让人得到智慧启发，让人滋养浩然之气。"要充分发挥阅读对人的这种正面、积极的作用，我们在荐书中就要十分注重所荐书的科学性和合理性。这其中，笔者以为要特别注重三个方面。一是所荐书要注重文学、历史、哲学、法律、科普及相关专业书籍等各方面的平衡，不能只集中和偏重于哪一个方面，要保证精神食粮的合理搭配，不能让民众在汲取精神食粮时出现"偏食"。二是所荐书要注意古今中外的结合，既要推荐反映中华优秀传统文化方面的书籍，如《中国文化要义》《中国哲学史》《中国历代政治得失》等，也要推荐反映整个人类文明的书籍，如《全球通史》《哲学的故事》《战争与和平》；既要推荐现当代推出的优秀书籍，如《平凡的世界》《大国崛起》《最好的辩护》，也要推荐历史沉淀的经典好书，如《史记》《理想国》《社会契约论》等。三是所荐书要注意深浅兼顾，要针对不同的特征群体，推荐深浅不一的书。但从目前的情况来看，我们面向大众的荐书，还是应该以通俗易懂、相对浅显的为主。此外，要尽量减少那些功利性太强的荐书，如前些年比较泛滥的靠夸大其词的包装吸引眼球、本身并无多少科学性和全面性的所谓成功学、厚黑学的书，同时要坚决杜绝那些低俗的荐书。

最后，对荐书的方式和节奏要有合理的设计，确保荐书的实效性。

要实现前文所提到的荐书的目的，除了要保证荐书的内容优质、提高荐书的针对性外，还要注重荐书的形式和把握好荐书的节奏。一方面，要通过书目式、提要式、对比式、分享交流式等多种形式进行荐书，同时积极适应移动互联网发展的大势，利用微信、微博和其他各种互联网手段，不断创新荐书阅读手段。另一方面，要科学设计和把握好荐书的节奏。不同的阅读群体，不同的阅读阶段，不同的阅读内容，在阅读中可接受的量是完全不同的，我们在荐书中要根据阅读群体的特点和可接受程度，科学设计某个阶段内的荐书，保持好荐书的节奏。例如，对那些本身阅读兴趣不浓、还处于阅读入门阶段的群体，我们给他们的荐书可能一个月甚至一个季度一本就行了；而对于那些已经养成阅读习惯、阅读量本身就比较大了的群体，我们给他们荐书的数量就可以多一些，荐书的频次也可以高一些。只有这样，我们的荐书才有可能真正起到引导民众阅读、帮助民众阅读、促进民众阅读的目的。否则，就可能落入形式热热闹闹、实际上效果不佳的俗套。

全民阅读需要更多的独立书评人

在全民阅读的推进中，书评是件非常重要的工作。

所谓书评，就是在充分阅读的基础上，对即将出版的书稿或者已经出版的书籍进行评论介绍的活动。很多人包括一些业界的专业人士把书评的对象局限于已经出版的书籍，这其实是不科学的。

就书评者本身而言，撰写书评既是一种阅读的深度体验，也是一种创作性的阅读输出。就阅读推广而言，积极科学的书评则可以起到优秀书籍的甄别、推荐作用，能够有效地引导和推动全民阅读，现在我国每年出版的图书有几十万种，良莠不齐，鱼龙混杂，积极开展各类书评活动，尤显必要。此外，公正有序的书评对创作出版、学术研究乃至整个文化事业的健康发展也会起到很好的监督和促进作用。所以，在许多阅读事业发达的国家，往往都有比较成熟的书评体系和制度。

与我国出版事业的蓬勃发展相比较，与我国全民阅读推进的强大需求相比较，我国的书评工作、书评事业则显得相对落后。一方面，与出版、发行、销售受到高度重视相比较，系统性的书评工作推进力度不够，书评的数量不多，质量也不够高。另一方面，专业、权威的书评人、书评机构和书评发布平台也相对缺乏。多数书评，往往都是由著作者或出版商根据自身的需求和"朋友圈"邀请相关人员撰写而成的，其质量和公信力会打折扣，书评有时也沦为自说自好甚至自娱自乐的"附属品"，而与此相对应的则是社会上有公信力、权威性的书评机构、书评发布平台较少。笔者曾经参加过一次由某社会机构组织的主题书目评选推荐活动，大多数的评委事先都没来得及认真阅读所参评之书，就是在评选会上翻一翻、看一看，可以想象，这样评选出来的书目，抑或是撰写发布的书评，质量难以保障。

为积极推进我国书评工作，更好地为大众阅读和全民阅读推进服务，当务之急是要建立起与时代发展相适应的书评制度体系和良好生态。这既需要各出版发行机构、文化教育机构、阅读推广机构等社会方方面面的重视与努力，也需要相关部门乃至国家从制度设计、体系建设、资源投入等方面去大力推进。具体来看，可以从三个方面去重点发力。

一是大力推动各类书评人的培养、组织与激励，并以此为基础探索建立具有中国特色的独立书评人制度。其中，着力培养一批专业性强的独立书评人是关键，这些人可重点从出版人、教师、社科普及工作者和阅读推广人中物色、培养。

二是大力推动各类书评发布阵地与平台的建立发展，并以此为基础培育和重点打造一批公信力强、影响力大、具有较强权威性的书评发布平台。其中，除了出版机构、报纸杂志、相关媒体开辟专刊专栏发布书评之外，国家有关部门或者第三方文化促进机构还可重点扶持打造一批专业的书评期刊。

三是大力支持有特色、有质量的书评活动的开展，并以此为基

础，打造一批有影响的书评活动品牌。这些书评活动可作为每年"世界读书日"活动的重要组成部分统筹组织推进。

真心希望，随着全民阅读在我国的大力推进，一大批为大众所熟知的独立书评人会不断涌现！

人人都是阅读推广人

阅读推广人是随着全民阅读的推进而逐渐形成的一个特有对象名词。简单来说，阅读推广人就是倡导、推动和帮助他人阅读的人。当浓厚的阅读氛围在社会上尚未形成时，阅读推广人所发挥的作用更显重要。

一般来说，阅读推广人有专业（或者相对专业）和业余两种，前者主要是指具备较强阅读推广技能、在专门的阅读推广机构从事阅读推广的人，后者主要是爱好并积极参与阅读推广的非专业人士。由于当前关于阅读推广及阅读推广人还缺乏系统而学理性的厘定，在很多时候、很多领域，专业阅读推广人和业余阅读推广人也就无法做出明确的区分和界定。基于此，我们经常所谈及的阅读推广人实际上是指超越了严格专业界限的、泛指的阅读推广人。

要想成为一名合格的阅读推广人特别是合格的专业阅读推广人，笔者觉得自身至少要具备"三有一懂"的基本条件：一是要有较为浓厚的阅读兴趣。二是要有较强的推动和帮助别人阅读的情怀或使命，如有些人觉得阅读意义重大，有种发自内心地面向大众推广阅读的冲动与自觉，那是情怀；有些人从孩子教育和成长的教育出发主动或被动地发动、帮助孩子阅读，那是使命。三是要有一定的阅读经历和体会。四是要懂得基本的阅读方法和推广技能。

那么，哪些人最适合、最应该当阅读推广人呢？这是个十分有趣的话题，我们不妨细细一说。

最适合当阅读推广人的首先应该是图书管理员。无论是从工作性质上、时间契合上看，还是与读者的接触上看，图书管理员都是最适合进行阅读推广的。但现实又似乎并不是这样，我国大多数的图书管理员从事的都只是图书管理和被动服务的工作，在主动倡导和推动读者进行阅读方面做得很少。这既与一些图书管理员自身阅读推广的情怀和使命不够有关，更多的还是与组织所赋予和确定的工作职责有关。所以如何让图书管理员从图书管理与服务的角色定位向图书服务推广的角色定位转变，恐怕是我国全民阅读推进和图书馆工作转型升级所要面临的一个重要课题。

此外，最适合也最应该当阅读推广人的是教师，特别是低年级的教师。这与其所处的环境和教书育人的使命有关。我们多次说过，阅读是帮助学生增长知识、涵养情操和人格养成最重要的途径，作为教师，无论是从责任使命上看，还是从途径方法上看，都应将帮助学生养成良好的阅读习惯、掌握基础的阅读技能、推荐并辅导学生阅读优质的书籍当成其重要的工作内容。此外，"书香校园"条件与氛围，也给广大教师帮助和推动学生阅读奠定了较好的基础。在2016年由湖南大学中国全民阅读研究中心承办的全国首届"阅读与人才培养研讨会"上，很多专家学者就发出了"一个优秀的教师首先要成为一个优秀的阅读推广者"的强烈呼声。值得欣慰的是，现在越来越多的学校、越来越多的教师在这方面已经越来越重视，也做得越来越好了。

除了教师之外，父母特别是年轻的父母也是最适合、最应该当阅读推广人的，当然，其阅读推广的主要对象一般会是自己的孩子。如果父母从孩子幼年时就主动扮演好孩子阅读推广者的角色的话，在帮助孩子养成良好的阅读习惯、通过阅读培养教育孩子方面会取得事半功倍的效果。为什么我们一直大力倡导亲子阅读，也主要是因为这方面的原因。但需要看到的是，在推动和帮助孩子阅读方面，在城乡之间、在不同的家庭之间存在极大的不平衡。在很多城市家庭，父母高度重视孩子的阅读，自身也很好地扮演了孩子阅读推广者的角色，但在许多农村家庭特别是儿童留守的家庭，父母在推动和帮助孩子阅读方面则十分不够，这也是我们前几年大声呼吁将阅读帮扶纳入农村教育扶贫体系的重要原因。

在图书管理员、教师和父母这些自然的阅读推广人之外，还有个特殊的阅读推广者群体是需要引起我们高度重视的，那就是这几年逐渐出现的带有较为明显的市场化、商业化的阅读推广机构及其阅读推广人。一方面，市场化、商业化元素和模式的引入，是可以有效推动和促进阅读推广的，这个我们必须要有开放包容的心态。另一方面，如何避免面向大众特别是儿童阅读推广的过度商业化，也是我们必须要注意的。在支持、推动和引导、规范中如何做到有效的平衡，还需要我们在实践中不断摸索、在理论上不断总结研究。

最后还是想和大家再次分享两句话：一，只要有心，人人都是阅读推广人；二，要当好阅读推广人，首先你自己得是个爱阅读、会阅读的人！

以供给侧结构性改革思路推进全民阅读

在阅读供给日益丰富、文化消费日益多元的新形势下，如何以供给侧结构性改革的思路来有效组织和推动全民阅读，进而充分发挥阅读对于社会、对于个体的独特影响作用，已成为全民阅读务实推进和理论研究中需要积极面对和深入探讨的现实课题。

为什么要以供给侧结构性改革思路推进全民阅读

以供给侧结构性改革思路推进全民阅读，是解决全民阅读中突出问题的迫切需要。"供给侧改革"的核心要义是着力提高供给体系的质量和效率。近年来，供给侧结构性改革在经济领域取得了显著的成效。事实上，这一经济理念和思维方式同样适用于文化发展领域的全民阅读的组织与推进，因为当前在我国国民阅读的组织与推进中，同样存在着阅读供给越来越丰富但国民人均阅读量仍然偏低且阅读内容不合理的突出矛盾。我国国民人均阅读量之所以没有实现与阅读供给增长的同步且阅读内容欠合理，在较大程度上与阅读内容的供给不优、阅读引导不够有关。因此，在全民阅读的组织与推进中，按照供给侧结构性改革的思路优化阅读供给、引导国民合理阅读已是现实的必需。

以供给侧结构性改革思路推进全民阅读，对满足新时代人民日益增长的美好生活需要具有重要意义。一方面，中国特色社会主义进入新时代，我国社会主要矛盾已经转化为人民日益增长的美好生活需要和不平衡不充分的发展之间的矛盾。这一变化，要求包括阅读供给和服务在内的文化服务更加注重提升内涵和品质，为广大人民群众提供更加充足的精神食粮。此外，广泛而优质的阅读还能帮助广大人民群众提高自身参与公共事务管理、享受有意义的公共生活的意识、认知和水平。所有这些都要求在全民阅读的推进中，应该为广大民众提供优质而丰富的阅读供给和服务。另一方面，供给能够创造需求。在全民阅读的组织与推进中，如果社会上反映中华优秀传统文化和世界优秀文明的阅读供给越多，人们从中汲取的养分和力量就越大，而且社会供给的优秀内容越多，人们的审美品位就会越高，从而也会拉动优秀阅读内容的输出与供给并逐步得到巩固。反之亦然。基于供给与需求的这种内在互动规律，特别是这种规律在文化消费领域的突出体现，从阅读供给侧进行改革优化、加大优质阅读内容的输出供给就显得尤为必要和重要了。

以供给侧结构性改革思路推进全民阅读，是由阅读的特有属性所决定的。阅读是影响人、改变人、塑造人的重要途径，也是重要的文化消费。阅读供给与阅读服务不仅具有满足国民一般消费的经济属性，更具有意识形态和公共产品的属性。也就是说，引导、组织和保障国民读什么书，不仅要考虑市场效益的需求，更要考虑社会效益的需求。这样，在阅读内容的供给、阅读的组织推进中，就绝不能只着眼于需求侧，而应突出其供给侧，通过改革，引导、支撑和推动广大民众多阅读那些滋养心灵、涵养情操、激发正能量的好书。

以供给侧结构性改革思路推进全民阅读的主要着力点

优化阅读供给。当前，我国可供国民阅读的内容已经非常丰富甚至开始呈现出相对过量的趋势，应在继续保证丰富阅读供给的同时，重点优化阅读供给的结构，引导和促进民众阅读内容的合理优质。在这方面，重点是在适度保持一般技能性、娱乐消遣性阅读供给的同时，着力加大文学、历史、哲学、法律、科普等优质阅读内容的设计、制作和供给。这其中，有两个关键点应牢牢把握：一是保障文学、历史、哲学、法律等不同内容的平衡，二是保障古今中外等不同维度的兼顾，不能偏废。此外，在优化阅读供给方面，还应在充分分析和把握不同群体阅读习惯和阅读需求的基础上，做好不同年龄群体、不同区域群体、不同职业群体和不同知识结构群体的阅读内容的分类供给，通过精细化、精确化的内容供给，促进民众良好阅读兴趣的形成和阅读内容的优质合理。

强化阅读引导。一方面，要搭建各类引导性强、权威性强的荐书平台，适时给广大民众推荐相关的优质阅读内容。另一方面，要建立引导性强、形式多样的阅读分享交流平台，通过阅读的分享交流，引导和激发广大民众多读书、读好书。在这方面，可充分利用移动互联网等现代信息技术手段。

建好用好主阵地。在某种程度上说，阅读就是一种基本的生活方式，广大民众在任何时间、任何地点都可以阅读。但就全民阅读组织和推动而言，就引导广大民众爱读书、读好书和善读书而言，必须建好用好阅读组织和推广的主阵地。让这些主阵地成为引导广大民众合理阅读的孵化场、助推场。从目前来看，这类主阵地至少应包括以下三个方面：一是公共图书场所，包括城市公共图书馆、社区图书室、农家书屋等。要在这些馆室屋的实质性开放、优质图书提供、阅读引导与服务等方面真正支撑服务到位，让民众容易进入、有好书读、能受引导、能受启发。二是学校。学校是学生阅读兴趣培养、阅读习惯养成最重要、最关键的地方，应站在人才培养和人才成长的高度，从阅读内容的科学提供、阅读平台的建立、阅读课程的设计与落实等方面，全面引导和促进学生多读书、读好书，从而养成热爱读书、合理阅读的自觉。三是主导和主流的电子阅读平台。随着移动互联网的迅猛发展，阅读电子化已成为不可阻挡的趋势，阅读碎片化、浅层化的特点也愈加明显，对此，不能排斥拒绝，应顺势而为，充分利用这些电子阅读平台特别是那些由教育、文化部门主导的电子阅读平台，从平台建设、内容提供、内容主推和形式呈现上进行大胆创新，引导和推动广大民众养成从电子阅读平台上读好书、汲取阅读正能量的良好习惯，占领和利用好新兴阅读主阵地。

打造阅读供给新生态。阅读供给的改革创新是项系统工程，需要有相应的生态作基础。一方面，应积极发挥政府作用，创造良好的条件和环境，鼓励和支持各类阅读供给主体创造和提供更多既易于民众接受又品质优良的阅读内容。另一方面，应创新阅读供给产业机制，鼓励、扶持相关企业积极整合阅读供给产业链的各项生产要素和优质资源，增强他们对需求变化的适应性和灵活性，降低成本，提高效率，做大做强，从而发挥他们的龙头效率和规模效率，为精品制作、精品推广创造成本空间，形成精品供应与优质阅读的良性互动。

以供给侧结构性改革思路推进全民阅读的保障措施

加大相关资源的投入。在阅读供给和供给引导上，单靠市场肯定是不够的，必须实现市场驱动与政府推动的有机结合。这就需要政府应站在优质公共产品提供的高度，进一步加大相应的资源投入力度，引导和支撑优质阅读内容的形成、提供和服务。此外，为进一步缩小城乡阅读基础条件的差距、帮扶特殊群体阅读，政府也应加大相应的资金投入，力求阅读及优质阅读机会的公平提供。

加强监管，促进和保障阅读供给的优质与科学。无论是纸质阅读内容的提供，还是电子阅读内容的提供，固然要尊重市场和经济的规律，但也不能放任自流。在尊重和保护阅读内容多样性、丰富性的同时，在以创新的形式为广大民众提供高质量阅读内容的同时，要划出阅读内容提供的"红线"和"底线"，坚决抵制低俗的阅读内容的输出供给，最大限度减少低端阅读内容的输出供给。在这方面，可以尝试建立阅读内容供给的警告名单和黑名单制度。

加大阅读组织与推进的人才供给。人才是供给侧结构性改革的关键所在，在全民阅读的组织与推进中，应全面强化全民阅读组织与推进的专业人才队伍建设，花大力气培养和造就一大批新形势下全民阅读组织与推广的专业人才，引导、帮助和推动广大民众爱阅读、善阅读。

拥抱"世界读书日"

随着近些年全民阅读在我国的大力倡导和推动，4 月 23 日"世界读书日"已越来越为我国广大民众所熟知。如世界上许多其他国家一样，每到这一天的前后，我国各地都会举行形式多样的阅读推广活动。

把 4 月 23 日确定为"世界读书日"是联合国教科文组织于 1995年决定的。实际上，早在 1972 年，联合国教科文组织就向全世界发出了"走向阅读社会"的倡导，号召全体社会成员把读书作为每个人日常生活不可或缺的一部分。

据说，联合国教科文组织把 4 月 23 日作为"世界读书日"的灵感来自一个美丽的传说。4 月 23 日是西班牙文豪塞万提斯的忌日，也是加泰罗尼亚地区大众节日"圣乔治节"。传说中勇士乔治屠龙救公主，并获得了公主回赠的礼物——一本书，象征着知识与力量。所以每到这一天，加泰罗尼亚的妇女们就给丈夫或男朋友赠送一本书，男人们则会回赠一枝玫瑰花。非常巧合的是，4 月 23 日这天也是英国大文豪莎士比亚的出生日和去世日，又是美国作家纳博科夫、法国作家莫里斯·德鲁昂、冰岛诺贝尔文学奖得主拉克斯内斯等多位文学大家的生日。

循着"世界读书日"的主旨宣言，我们可以从四个方面解读"世界读书日"设立的初衷以及带给我们的启示：一是号召全世界人民都来阅读，并从中享受到乐趣；二是号召世界各国都来保障国民阅读的基本权利，并提供可能的阅读条件；三是号召世界人民、世界各国尊重和感谢为人类文明作出巨大贡献的文学、文化、科学思想大师们；四是号召世界人民、世界各国保护著作权（版权）等知识产权。

当然，理想是丰满的，现实是骨感的，由于各个国家、各个地区发展所处的阶段不一样，经济、社会、文化发展的水平不一样，阅读认知、阅读保障、阅读推广和阅读普及目前在世界各地都呈现出了极大的差异性。在以色列、德国等国家，阅读作为民众不可或缺的日常生活已逐步成为现实，但在很多经济比较落后的国家和地区，阅读生活对于很多民众来说仍然比较遥远甚至陌生。

具体到我们每个人来讲，拥抱"世界读书日"的方式有很多，如参加一次读书分享会、参与一次阅读推广活动、向朋友推荐一本好书等等。我们这里也给大家推荐一种拥抱"世界读书日"的方式，那就是：每年"世界读书日"来临之际，不妨对自己未来一年的阅读进行规划，如一定要读多少本书，一定要把哪几本书读透，一定要拓展哪个或者哪些方面的阅读领域，等等。这无论是对于阅读兴趣已经比较浓厚的人，还是对于阅读习惯还没完全养成的人，都是很有意义的。

我们以阅读的名义，邀请您……

（代后记）

在人类历史浩瀚的长河中，最为宝贵的财富就是书籍。在这个宝库里，留下了人类几千年来对自然的探索、对生命的追问、对幸福的思考……读这些书，我们就会对历史充满感慨，对自然充满敬畏，就会在成败得失、波峰波谷中保持淡然，就会在忙碌和繁杂中知道自己真正需要什么；读这些书，我们的内心就会慢慢变得豁达起来、强大起来，就能从中感受到真善美，激发出正能量！

再难，我们也能从书本中找到答案；再苦，我们也能从书本中找到乐趣；再迷茫，我们也能从书本中找到前进的方向……

遗憾的是，在现实生活中，我们一边在感叹社会的浮躁、内心的空虚、幸福的缺失，一边却总是以工作太忙、时间太紧等各种理由，忽略了这些能够让我们增长智慧、汲取能量和丰富精神世界的优秀书籍！

再精彩的人生，也不能没有阅读的陪伴；再成功的事业，也不能没有阅读的守护；再忙，也不能给出一个不去阅读的理由。

在此：我们以阅读的名义邀请您：每天阅读一小时，让阅读成为我们的一种习惯！

我们以阅读的名义邀请您：多读书，读好书，让阅读成为我们最优雅的生活方式！

我们以阅读的名义邀请您：携起手来，一起推动全民阅读，让阅读成为中国大地上一道道最美丽的风景线！